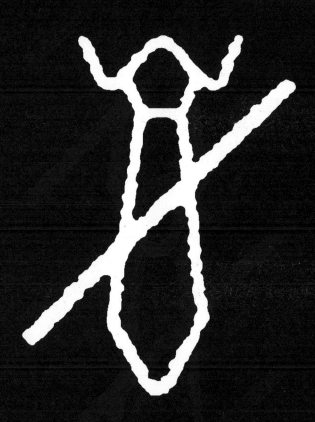

¡NO!

JOSÉ ANTONIO MILLÁN

GG®

Editorial Gustavo Gili, SA

08029 Barcelona Rosselló, 87-89. Tel. 93 322 81 61
México, Naucalpan 53050 Valle de Bravo, 21. Tel. 55 60 60 11
Portugal, 2700-606 Amadora Praceta Notícias da Amadora N° 4-B. Tel. 21 491 09 36

Diseño del libro/Book design/**Desenho do livro**: Juan Cardosa/Zona

© del texto/text/**do texto**: José Antonio Millán, 2004
© de las ilustraciones/illustrations/**das ilustrações**: sus autores/the authors/**os autores**
© de esta edición/edition/**desta edição**:
Editorial Gustavo Gili, SA, Barcelona, 2004

Printed in Spain
ISBN: 84-252-1544-7
Depósito legal: B. 470-2004
Impresión/Printing/**Impressão**: EGEDSA, Sabadell (Barcelona)

ÍNDICE CONTENS ÍNDICE

INTRODUCCIÓN

UN UNIVERSO DE NEGACIONES

El ciudadano que hoy transita por el mundo está sometido a un bombardeo constante de imágenes que le prohíben o desaconsejan todo tipo de comportamientos. Andar por la calle, subirse a un transporte público, entrar en un espacio de ocio, comprar un producto, implica recibir mensajes y mensajes que limitan el rango de posibilidades, a veces hasta extremos de pesadilla.

¿Qué efecto obra este diluvio sobre quienes lo reciben? Muchos dirán que las personas normales lo ignoran, que las imágenes de prohibición, a fuerza de estar presentes, se han hecho imperceptibles. Creo más bien que obran subrepticiamente, e inducen un mensaje de fondo: "¡Atento!: algo puede estar prohibido". La dictadura de las imágenes pretende universalizar la recepcion de las normas, para que nadie se escape...

Al universo de miedos genéricos del hombre contemporáneo (enfermedades, armas bacteriológicas, terrorismo) se une el cerco íntimo de las prohibiciones —por supuesto, "por su propio bien".

Si tras hojear este repertorio el lector empieza a sentir la presencia opresiva de las negaciones que le rodean, habrá cumplido su misión.

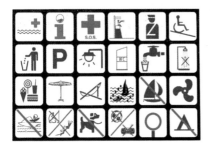

Cartel en la playa de Sitges (España), 2001

LA ICONOESFERA CONTEMPORÁNEA

Hasta 24 mensajes diferentes (11 de ellos prohibiciones) han considerado necesarios los responsables de esta playa mediterránea (ver página anterior).

LOS MODOS DEL MENSAJE ICÓNICO

El tema de este libro es la negación mediante imágenes. En ello, es evidente, hay dos cuestiones implicadas: la expresión de un concepto, y su rechazo. Para estudiarlas, convendrá que veamos la negación en el contexto de los otros modos de enunciación mediante imágenes.

PROHIBICIÓN/RECOMENDACIÓN NEGATIVA

El caso más frecuente es que la negación constituya una prohibición, o una recomendación negativa. Mediante ella se intenta que el receptor de un mensaje no realice una determinada acción, porque tiene consecuencias indeseables, por lo menos para el emisor (y quizás también para el receptor, de ahí la doble flecha en el gráfico adjunto).

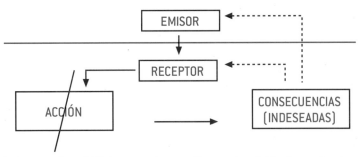

En teoría, la tarea de prohibir/recomendar negativamente exigiría dos partes: la exposición de la acción vetada y la explicación de las consecuencias en caso de no seguimiento de la orden. Esto es lo que se practica con los niños: "No metas los dedos en el enchufe, porque te dará un calambre".

Normalmente, y debido a la concreción de los enunciados públicos (y a la simplicidad de los mensajes icónicos), se practica una comunicación parcial: o se prohibe la causa o se muestran sus consecuencias. Esta forma de referirse a un todo (el complejo causa-efecto) mediante sólo una de sus partes recibe el nombre técnico de **sinécdoque**.

La primera modalidad —decir que no se haga algo— constituirá una **prohibición** si el emisor tiene autoridad sobre el receptor (ya sea en materia de tráfico "prohibida la entrada de vehículos" (2^1) o de salud "no beba ni fume [durante el embarazo]" (**7**). Y será una **recomendación** (o tal vez una **instrucción**) cuando no es así ("no deje la vela en una corriente de aire", **62**):

En ambos casos, se omite la segunda parte ("y así se evitará una consecuencia mala").

La recomendación aparece típicamente ligada al uso de productos concretos en un ámbito privado (y podríamos decir que tienen una coda implícita: "...por la cuenta que le trae"). Las prohibiciones tienen lugar en espacios públicos. Hay casos de prohibición privada (**1**), pero muy significativamente están presentes en la zona en la que el espacio particular se abre al público (buzón, puerta de una habitación, ...).

En el índice final se podrán recuperar por separado las categorías **prohibición** y **recomendación**, aunque advertimos de que hay zonas donde se puede dudar de cuál de ambas se trata (¿se **prohibe** o simplemente se **desaconseja** quedarse con la dentadura postiza en caso de emergencia en un avión?, **17**).

---

1 Los números en negrita se refieren al nº de cada ilustración.

ADVERTENCIA

La segunda modalidad (mostrar sólo las consecuencias de la acción) suele tener lugar cuando estas consecuencias son indeseadas para el receptor del mensaje. Constituye una categoría propia, la de la **advertencia** y será objeto de otro libro.

Por ejemplo: "esta máquina machaca la mano" (la prohibición de la acción -"no meta la mano"- queda implícita):

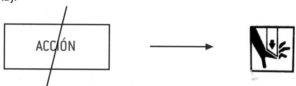

Por último, hay casos en que la prohibición se refuerza con una advertencia. Comparemos estos dos casos (**116** y **117**)

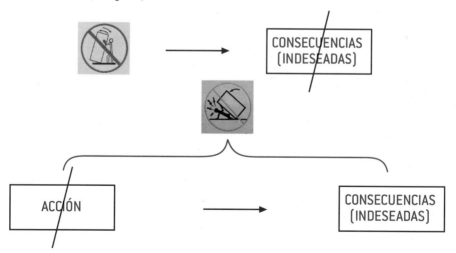

El primer ejemplo es una simple prohibición ("No incline la máquina"). El segundo formalmente es una prohibición, pero incluye también la descripción de las cosecuencias: se podría parafrasear como: "No haga esto, porque su consecuencia podría ser..."

En el índice final marcaremos estos casos con la etiqueta de **prohibición advertida**. En ciertos casos la advertencia se produce sólo en el texto **106**.

DESCRIPCIÓN

Hay casos de negacion que no constituyen prohibición, sino una simple **descripción**. Por ejemplo: la imagen tachada que la línea aérea propone al viajero para que éste identifique su equipaje perdido como "sin cremallera" (**137**).

Un mismo signo puede constituir una prohibición (si está en un sitio público, **75**) y una descripción (si está ligado a un producto, **141**). Normalmente los usos por parte de la infografía periodística son descripciones (**143**, **144** y compárese este último con la prohibición de **31**).

Un caso particular de la descripción negativa aparece en la **información sobre estado**: la negación indica que un determinado rasgo de un programa informático o de un mecanismo está desactivado (**131**).

A veces, la imagen negada indica un **efecto** que su receptor puede conseguir (como "sin mosquitos", **146**). Esta descripción de un efecto constituirá una **orden** si el receptor puede conseguirlo accionando un mecanismo o el icono de un programa, como una "desinstalación" (**132**).

Como estamos viendo, la traducción lingüística de estas negaciones puede ser, tanto el simple *no* como otras formas negativas: *sin, des-, libre de ...*

En el índice final identificaremos independientemente las **descripciones**, los **estados**, las **órdenes** y los **efectos**.

AFIRMACIÓN

En teoría, quedaría un sistema de prohibición/recomendación negativa de una acción que se considera mala: la representación de la acción opuesta a la que se quiere evitar. Este es el caso de la señal "coja al niño en brazos [en un pasillo rodante]", alternativa a "no deje al niño sobre el pasillo":

OPOSICIÓN

Tanto la prohibición/recomendación como la advertencia tienen en común que se emiten desde una situación de poder. Cuando la negación proviene de quien no tiene autoridad alguna sobre el receptor, es un enunciado de **oposición** (ideológica o práctica). Un mismo enunciado negativo ("no beber y conducir") puede ser una prohibición si proviene de una autoridad militar (**8**), y una declaración de oposición si procede de una asociación (**C119**[2]).
La oposición es objeto del libro *¡Contra!*

PROCEDIMIENTOS GRÁFICOS DE NEGACIÓN

El índice final del volumen permitirá acceder a los ejemplos según su procedimiento de negación.

AÑADIDOS SEÑALÉTICOS

Se encuentran los siguientes (en orden decreciente de frecuencia según el corpus reunido): **"prohibido aparcar"**, **tachadura**, **barra inclinada**, **círculo rojo**, **"dirección prohibida"**, **"stop"**. Menos la tachadura, todos provienen de las señales de tráfico.

---

2 Los números precedidos por C pertenecen a ejemplos del libro *¡Contra!*.

MODIFICADORES DEL OBJETO O ACCIÓN

Son el color **rojo** (normalmente superpuesto a otros recursos) y la **rotura**.

INDEPENDIENTES

Como los **gestos** (que tienen significados culturalmente determinados: el dedo en los labios para "no ruido", la mano levantada enseñando la palma para "no entrar", ...). O algunos usos **específicos**: una tirita para indicar "mal estado" de un elemento en una exposición. Por último, aparecen signos **tradicionales** (como la calavera para la muerte).

ACUMULACIÓN DE PROCEDIMIENTOS

En algunos casos se presentan al lado la acción prohibida o desaconsejada (marcada negativamente mediante el cruzado, el tachado...) y la acción recomendada. Nos referiremos a ellos como **sí/no**. Y a veces el creador del signo quiere reforzar su mensaje por **acumulación** de recursos de negación.

MENSAJE ICÓNICO Y MENSAJE TEXTUAL

En muchos casos coexiste el mensaje textual y la imagen (**24**). ¿Significa eso una falta de confianza en la capacidad de la imagen (o del texto) por sí solos? Hay mensajes icónicos poco claros, que sin duda requieren un complemento (**22, 64**, ...) Pero en muchos otros la presencia de texto probablemente sea tan sólo un procedimiento de redundancia. En las explicaciones de los signos incluiremos el texto que los acompaña, cuando lo hay.

SOPORTE Y GRAFISMO

EL SOPORTE

Las prohibiciones aparecen principalmente confinadas a dos soportes: las señales y los carteles. Aunque los límites no están siempre claros, podríamos decir que el arquetipo de las **señales** son las de circulación (y su prolongación los **semáforos**), y llamaremos **carteles** a cualquier otra inscripción pública.

Las recomendaciones negativas están ligadas a los **embalajes, envases** y **etiquetas** (aunque aparecen también como carteles de pequeño tamaño en máquinas y dispositivos).

Los medios impresos, como la **prensa** (infografías), **folletos** y **panfletos** son el terreno propio de las descripciones.

Los medios digitales, como *displays* y **pantallas** y los **iconos** de ordenador presentan informaciones de estado y órdenes, mientras que las **webs** acumulan toda la tipología: unas actúan como auténticos folletos (**95**), otras hacen un uso infográfico de los signos (**7**), o reúnen repertorios de signos que funcionan en el mundo real (**86**).

El índice final permitirá recuperar todos los signos por su soporte.

GRAFISMO

Hemos reunido casos de creación profesional (ya sea con la representación simplificada, de pictograma **3**, o con otras más "realistas", **88, 91**), junto a productos decididamente artesanos (**109**), o de elaboración casera (**34**).

El carácter específico del soporte condiciona muchas veces el resultado, como en los impresos sobre embalajes (**53, 54**), o la presentación en pantalla (**67**). La integración de signos en la web ha producido algún caso de aprovechamiento de los recursos del medio (como el movimiento en el gif animado, **145**).

LO QUE SE NIEGA

El universo de lo negado es también el reino de la sinécdoque (que –recordaremos– consiste en referirse a una totalidad mediante una de sus partes). Por poner el ejemplo más simple, la expresión de "prohibida la entrada de perros" mediante la imagen de un miembro de cierta raza no implica que sólo ella esté prohibida (**9**). Tampoco la prohibición de fumar representada mediante un cigarrillo afecta sólo a éstos, aunque haya quien, para asegurarse, deba representar toda la gama de lo fumable (**4**). La **prohibición múltiple** tiene por objeto romper estas trampas sinecdóquicas, pero también, sencillamente, hacer una enumeración (**66**).

Otra cuestión bien conocida es la del "representante canónico" de un concepto. Por ejemplo: la comida portátil en un espacio público estará representada por una hamburguesa **33** (aunque fijémonos en el sesgo cultural que eso supone). "Basura" estará reflejada mediante el corazón de una manzana y una botella rota (**36**, etc). Sin embargo, es peligroso que la representación humana seleccione un determinado estereotipo étnico (el signo podría funcionar perfectamente sin un ser humano **122**), o de género: el trabajador de la construcción masculino (**80**), la mujer de la limpieza (**125**) y la mujer de compras con el niño (**104**).

LA REPRESENTACIÓN

La representación de conceptos abstractos es –como es lógico– la más compleja. En nuestra selección se pueden encontrar ejemplos como el paso del tiempo mediante un calendario (**65**), o la lotería mediante el signo de suerte (**77**). Por cierto, que el cruce de dedos signifique "suerte" no es ni mucho menos universal, y en la representación gráfica se puede caer en la trampa localista con facilidad. También hay trampas lingüísticas: el icono de un programa para "borrar imágenes miniatura" (**135**) es un pulgar tachado, porque estas imágenes en inglés se llaman de *thumbnail* (uña del pulgar).

En los objetos representados puede operar también un proceso de sinécdoque: el gesto de "¡Alto!" se puede representar sólo con la mano, con mano y brazo, o añadiendo otras partes del cuerpo, hasta acabar con todo él (**69-71**, otro ejemplo en la serie **91-92**). Pero por otra parte un elemento no tiene por qué significar siempre lo mismo: la polisemia es bastante frecuente. Una mano de frente puede significar "¡Alto!" (**69**), "protección" (**74**) o incluso "mano" (**73**).

Los elementos de negación pueden abarcar la totalidad de lo representado (**85**), o seleccionar sólo una circunstancia (**20, 97, 103**, ...) Para emitir un mensaje positivo puede usarse también el recurso conocido como **litote** (negar la negación). Así "Vigile a los niños" se puede traducir icónicamente como "No no-vigile" (**104**).

EL CONTEXTO

Lógicamente, el contexto aclara mucho más de lo que transmite el simple signo. Una señal de tráfico adquiere un sentido diferente en la habitación de un hotel (**1**). O un mismo signo de detención puede tener un sentido espacial (**70**) o de pausa para reflexionar (**69**).

Del mismo modo, un objeto tachado puede indicar la prohibición de introducirlo en un cierto recinto (**30**); de usarlo (**50, 54**); de meterlo en un dispositivo (**48**), etc. Un mismo signo puede significar tanto "no ducharse" (**59**) como "no usar en la ducha" (**60**). Y así sucesivamente...

En ocasiones el mismo signo expone las condiciones de la prohibición: **51, 120**.

¿Dónde aparecen estos signos? Por su propia naturaleza, en los espacios públicos, y dentro de ellos en los que tienen una mayor concentración de gente: aeropuertos, metros, museos y monumentos, tiendas, y dentro de ellos puntos especialmente conflictivos (obras, escaleras mecánicas, máquinas) ... El índice final permitirá accceder directamente a los signos por los lugares donde se encuentran.

EL JUEGO

Por último, el hecho de que los recursos básicos de negación sean tan conocidos ha hecho posible que se utilicen incluso de forma irónica (pues los receptores conocen bien su uso "normal"). Se puede ver en el juego erótico con la barra en **149**, en el que el carácter de prohibido se convierte en un aliciente... Cabe por último pensar que algunas de las muestras tienen básicamente una intención humorística (**6, 46, 84, 129**), y que su existencia demuestra cómo, por fortuna, puede haber una apropiación privada por parte de un código tan poderoso de control social como es el de la prohibición.

INTRODUCTION

A WORLD OF NEGATION

The city-dweller who travels around the world today is submitted to the constant bombardment of images prohibiting or advising him or her against all sorts of behavior. Walking down the street, getting on to a bus or train, entering a leisure complex or purchasing a product involves receiving a host of messages which limit one's range of possibilities, sometimes to a nightmarish extent.

What effect does this deluge have on those who receive it? Many will say that normal people ignore it, that just by being there, images of prohibition have become imperceptible. Instead, I believe that they work surreptitiously and that they inculcate an underlying message: "Keep your eyes open! Something may be forbidden." The dictatorship of images seeks to make reception of the rules universal, so that nobody may escape.

Linked to contemporary man's world of generic fears (illnesses, chemical weapons, terrorism) is the intimate round of prohibitions —"for one's own good," of course.

If after browsing through this image bank readers begin to feel the oppressive presence of the different negations that surround them, it will have fulfilled its mission.

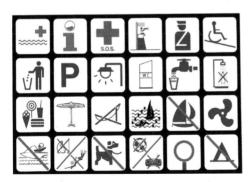

Placard on the beach in Sitges (Spain), 2001

THE CONTEMPORARY ICONOSPHERE

The people in charge of this Mediterranean beach considered as many as 24 different messages to be necessary (11 of them prohibitions, see oposite page).

TYPES OF ICONIC MESSAGE

The subject of this book is negation through images. It's clear that two issues are involved here: the expression of a concept, and its rejection. In order to study these it is important that we see negation in the context of other types of enunciation through images.

PROHIBITION / NEGATIVE RECOMMENDATION

The most frequent instance is for negation to constitute a prohibition, or a negative recommendation. It is hoped that by means of it the receiver of a message does not undertake a particular action because this has an undesirable consequence, at least for the sender (and perhaps for the receiver too, whence the double arrow in the accompanying diagram).

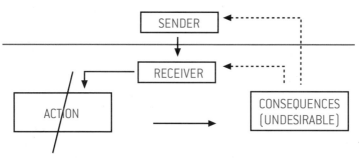

In theory the task of prohibiting / negatively recommending something requires two parts: the showing of the vetoed action and an explanation of the consequences should the order not be followed. This is what one does with kids: "Don't stick your fingers in the plug, because it'll give you a shock."

Normally, due to the concretion of public statements (and to the simplicity of iconic messages) communication of a partial kind is practised: either the cause is prohibited or its consequence is shown. This way of referring to a whole (the cause / effect pairing) by means of only one of its parts goes by the technical name **synecdoche**.

The first modality -saying that something shouldn't be done- will constitute **a prohibition** if the sender has authority over the receiver (be this as regards traffic: "The entrance of vehicles is prohibited" (2^1) or health: "Don't drink or smoke [during pregnancy]", **7**). And it will be a **recommendation** (or perhaps an **instruction**) when things are otherwise ("Don't leave the candle in a draught", **62**)

In both instances the second term is omitted ("and that way a negative consequence will be avoided").

The recommendation appears typographically linked to the use of particular products in a private milieu (and we could say that they have an implicit coda: "for the benefit it brings you"). Prohibitions take place in public places. There are cases of private prohibition (**1**), but significantly enough these are present in the area in which the particular space is open to the public (a letterbox, a bedroom door).

The categories of **prohibition** and **recommendation** can be looked up separately in the final index, although we warn the reader that there are areas where there's a doubt as to which of the two is involved (is keeping your dentures in in the event of an emergency on a plane **prohibited** or simply **advised against?**, **17**).

---

1   Bold type numbers refer to the number of each illustration.

WARNING

The second modality (showing only the consequences of an action) usually comes about when these consequences are undesirable for the receiver of the message. This constitutes a specific category, that of the **warning**, and will be the subject of another book.

For example: "This machine crushes your hand" (the prohibition of the action -"Don't stick your hand in here"- remains implicit):

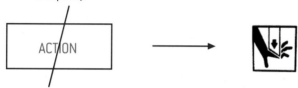

Lastly, there are cases in which the prohibition is reinforced by a warning. Compare these two instances (**116** and **117**):

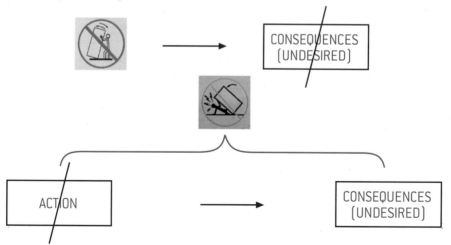

The first example is a simple prohibition ("Don't tilt the machine"). The second is formally a prohibition, but also includes a description of the consequences: it could be paraphrased as: "Don't do this, because the consequences might be..."

In the final index we will indicate these cases with the label **recommended prohibition**. In certain cases the warning is produced in the text alone **106.**

DESCRIPTION

There are instances of negation that don't constitute a prohibition, but rather a simple **description**. For example: the crossed-out image that the airline proposes to the traveler so that he may identify his lost baggage as "zip-less" (**137**).

A single sign may constitute a prohibition (if it's in a public place, **75**) and a description (if it's linked to a product, **141**). Normally, computer graphics in a newspaper involve descriptions (**143, 144** and compare the latter with the prohibition in **31**).

A particular instance of negative description appears in **information about a physical state**: the negation indicates that a specific feature of a computer program or of a mechanism is deactivated (**131**).

At times the negated image indicates an **effect** its receiver may bring about (as in "mosquito-less", **146**). This description of an effect will constitute an **order** if the receiver can bring it about by working a mechanism or the icon of a program, such as a "de-installation" (**132**).

As we see, the linguistic translation of these negations may be a simple *no* as well as other negative forms: without, de-, free from...

In the final index we will separately identify **descriptions, states, orders** and **effects**.

AFFIRMATION

In theory there remains a system of prohibition/negative recommendation of an action which is considered harmful: the depiction of the opposite action to that which one seeks to avoid.

This is the case with the warning "Carry your child [on a moving pavement]", an alternative to "Don't let your child alone on the moving pavement":

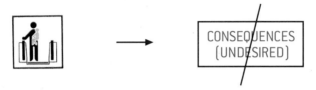

OPPOSITION

Both prohibition / recommendation and warning have the fact that they're emitted from a position of power in common. When the negation comes from someone having no authority over the receiver it is a statement of opposition (ideological or practical). A single negative statement ("Don't drink and drive") can be a prohibition if it comes from a military authority (**8**), and a declaration of opposition if it proceeds from an association (**C119**[2]).

Opposition is the subject of the book ¡*Contra!*

GRAPHIC PROCEDURES OF NEGATION

The index at the end of the book will enable the reader to access examples according to their procedure of negation.

SIGNALIZING ADDITIONS

The following are found (in descending order of frequency according to the assembled body of material): "**No parking**", **crossings-out**, **diagonal bars**, **red circles**, "**No entry**", "**Stop**". Apart from crossings-out, all derive from traffic signs.

---

2 Those numbers preceded by an C belong to the book ¡*Contra!*

MODIFIERS OF AN OBJECT OR ACTION

These are the color **red** (normally superimposed on other devices) and **rupture**.

INDEPENDENT PROCEDURES

Such as **gestures** (which have culturally determined meanings: the finger on the lips for "Silence", the raised hand showing the palm for "Don't enter"). Or certain **specific** uses: a Band-Aid to indicate the "faulty condition" of an element in an exhibition. Lastly, **traditional** signs appear (like the skull for death).

THE ACCUMULATION OF PROCEDURES

In some instances these are presented alongside the action being prohibited or advised against (negatively marked by the diagonal bar or crossing-out) and the action being recommended. We will refer to these as **yes/no**. At times the creator of the sign also seeks to reinforce his message through the **accumulation** of resources involving negation.

ICONIC MESSAGE, TEXTUAL MESSAGE

In many instances textual message and image coexist (**24**). Does this signify a lack of confidence in the capacity of the image (or of the text) on its own? Unclear iconic messages exist which obviously need a complement (**22, 64**...). But in many others the presence of text is probably just a redundant procedure. In the explanations of the signs we shall include the text that accompanies them, where one exists.

SUPPORT AND GRAPHIC METHOD

THE SUPPORT

Prohibitions are mainly restricted to two supports: signs and notices. Although the boundaries aren't always clear, we could say that the archetype of the **sign** is the traffic sign (and its prolongation, **traffic lights**), and any other public inscription we will call a **notice**.

Negative recommendations are linked to different kinds of **packaging, bags** and **labels** (although they also appear as small notices on machines and appliances).

Print media such as the **press** (computer graphics), **leaflets** and **pamphlets** are the elect terrain of descriptions.

Digital media such as **computer displays, screens** and **icons** present information about state and orders, while **web pages** embrace the entire typology: some act as genuine leaflets (95), others make computer-graphic use of signs (7), or bring together repertoires of signs that function in the real world (86).

The final index will enable the reader to look up all the signs by their support.

GRAPHIC METHODS

We've collected instances of professional creations (be they with the simplified imagery of a pictogram 3, or with other more "realistic" images, 88, 91), plus decidedly artisanal products (109), or the homemade variety (34). The specific nature of the support often conditions the result, as in signs printed on packaging (53, 54), or their on-screen presentation (67). The integration of signs in Internet has produced the odd case of using the resources of the medium (such as movement in the animated gif, 145).

THAT WHICH IS NEGATED

The universe of the negated is also the realm of synecdoche (which, let's not forget, consists of referring to a whole by means of one of its parts). To give the simplest example, the expressing of "No dogs admitted" by means of the member of a certain breed doesn't mean that only this breed is prohibited (9). Nor does the prohibition on smoking depicted by a cigarette only affect cigarettes, although there are those who, to be on the safe side, feel the need to depict the entire range of what's smokeable (4). The **multiple prohibition** sets out to smash these synecdochical traps, but also simply to make an enumeration (66).

Another well-known issue is that of the "canonic representative" of a concept. For example: takeaway food in a public place will be represented by a hamburger 33 (although note the cultural bias this presupposes). "Trash" will be depicted by an apple core and a broken bottle (36, etc). However, it's dangerous to represent a human being by selecting a particular ethnic stereotype (the sign could function just as well without the man, 122), or one of gender: the male building worker (80), the cleaning woman (125) and the female shopper with her kid (104).

REPRESENTATION

The representation of abstract concepts is -as is only logical- the most complex. In our selection examples can be found like the passing of time by recourse to a calendar (65), or the lottery by the good-luck sign (77). Incidentally, crossing the fingers to signify "good luck" is by no means universal, and one can easily fall into the trap of parochialism with graphic imagery. There are linguistic traps, too: the icon for a program for "erasing tiny images" (135) is a crossed-out thumb, because in English these images are known as thumbnails.

Synecdoche can also operate in the objects represented: the gesture for "halt!" may be represented by the hand alone, by a hand and arm, or by adding other parts of the bodies until all of it is there (69-71, there's another example in the series 91-92). On the other hand, however, a single element doesn't always have to mean the same thing: polysemy is quite frequent. A flattened hand may mean "halt!" (69), "protection" (74) or even "hand" (73).

The basic elements of negation can embrace the sum total of what is represented (85), or choose but one circumstance (20, 97, 103). In order to emit a positive message the device known as **litotes** (negating the negation) can also be employed. Thus "Watch out for children" may be translated iconically as "don't not watch out" (104).

CONTEXT

Context helps clarify what the simple sign transmits, of course. A traffic sign takes on a **different** meaning in a hotel room (1). Or one and the same stop sign can have a spatial meaning (70) or one to do with pausing to think (69).

Likewise, a crossed-out object may indicate the prohibition on introducing it in a given enclosed space (**30**); on using it at all (**50, 54**); of introducing it in an appliance (**48**), etc. The one sign can mean both "no showering" (**59**) and "don't use it in the shower" (**60**).

At times a single sign displays the conditions of the prohibition: **51, 120**.

Where do these signs appear? By their very nature, in public places, and within these in places that have a much greater concentration of people: airports, subways, museums and monuments, shops, and within these in especially conflictive points (repair or alteration works, escalators, machines). The final index will enable the reader to access signs directly according to the places they're found in.

PLAY

Lastly, the fact that the basic devices of negation are so well known has made it possible for them to be used ironically (since receivers are well aware of their "normal" use). This can be seen in the erotic play with the bar in **149**, in which the marker of prohibition is converted into a lure. To end, it's worth noting that some of the signs have a basically humorous intent (**6, 46, 84, 129**), and that their existence demonstrates that, fortunately, a powerful code of social control such as that of prohibition can be appropriated in a personal way.

INTRODUÇÃO

UM UNIVERSO DE NEGAÇÕES

O cidadão que hoje se movimenta pelo mundo está submetido a um bombardeio constante de imagens que lhe proíbem ou desaconselham todo o tipo de comportamentos. Andar na rua, de transportes públicos, entrar num espaço de lazer, comprar um produto, implica receber mensagens e mensagens que limitam o leque de possibilidades, chegando mesmo a converter-se num autêntico pesadelo.

Que efeito causa este dilúvio sobre aqueles que o recebem? Muitos dirão que as pessoas normais o ignoram, que as imagens de proibição, à força de estarem presentes, se tornaram imperceptíveis. Penso, pelo contrário, que operam subrepticiamente e induzem uma mensagem de fundo: "Atento!: pode ser proibido." A ditadura das imagens pretende universalizar a recepção das normas, para que ninguém escape...

Ao universo de medos genéricos do homem contemporâneo (doenças, armas bacteriológicas, terrorismo) alia-se o cerco íntimo das proibições —certamente, "para o seu próprio bem".

Se depois de folhear este repertório o leitor começar a sentir a presença opressiva das negações que o rodeiam, terá sido cumprida a sua missão.

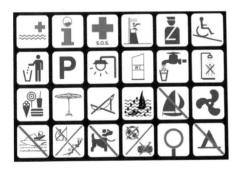

Cartaz na praia de Sitges (Espanha), 2001.

A ICONOSFERA CONTEMPORÂNEA

24 mensagens diferentes (11 delas proibições) foram consideradas necessárias pelos responsáveis desta praia do Mediterrâneo (ver página anterior).

OS MODELOS DA MENSAGEM ICONOGRÁFICA

O tema deste livro é a negação através de imagens. Nele, como é evidente, há duas questões implicadas: a expressão de um conceito e a sua rejeição. Para as estudar, é conveniente que vejamos a negação no contexto dos outros modelos de enunciação através de imagens.

PROIBIÇÃO/RECOMENDAÇÃO NEGATIVA

O caso mais frequente é aquele em que a negação constitui uma proibição, ou uma recomendação negativa. Tenta-se, através dela, que o receptor de uma mensagem não realize uma determinada acção, porque tem consequências indesejáveis, pelo menos para o emissor (e talvez também para o receptor, daí o duplo sentido no esquema).

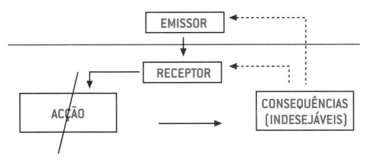

Em teoria, a tarefa de proibir/recomendar negativamente exigiria duas partes: a exposição da acção vetada e a explicação das consequências no caso do não seguimento da ordem. É o que se costuma fazer com as crianças: "Não metas os dedos na tomada porque apanhas um choque."

Normalmente, devido à concreção dos enunciados públicos (e à simplicidade das mensagens iconográficas), faz-se uma comunicação parcial: ou se proíbe a causa ou se mostram as consequências. Esta forma de se referir a um todo (o complexo causa-efeito) apenas através de uma das suas partes recebe o nome técnico de sinédoque.

A primeira modalidade – dizer que não se faça algo – constituirá uma proibição se o emissor tiver autoridade sobre o receptor (quer seja em matéria de tráfego "proibida a entrada de veículos" (2[1]) ou de saúde "não beba nem fume [durante a gravidez]", 7). E será uma recomendação (ou talvez uma instrução) quando assim não for ("não abandone uma vela acesa numa corrente de ar", 62):

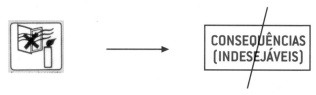

Em ambos os casos é omitida a segunda parte ("e assim será evitada uma consequência nefasta").

A recomendação aparece tipicamente ligada à utilização de produtos concretos num âmbito privado (e poderíamos dizer que têm uma consequência implícita: "...para o seu próprio bem"). As proibições têm lugar em espaços públicos. Há casos de proibição privada (1) mas, muito significativamente, estão presentes na zona em que o espaço particular se abre ao público (caixa do correio, porta de uma divisão, etc.).

No índice final poder-se-ão recuperar em separado as categorias proibição e recomendação, embora advertamos que existem zonas em que se pode duvidar de qual das duas se trata (é proibido ou simplesmente desaconselhável permanecer com a dentadura postiça em caso de emergência num avião?, 17).

---

1 Os números em letra fina referem-se aos números das ilustrações.

ADVERTÊNCIA

A segunda modalidade (mostrar apenas as consequências da acção) costuma ter lugar quando essas consequências são indesejáveis para o receptor da mensagem. Constitui uma categoria própria, a da advertência, e será objecto de outro livro.

Por exemplo: "esta máquina esmaga a mão" (a proibição da acção – "não meta a mão" – fica implícita):

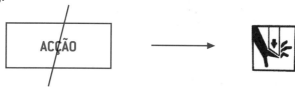

Por último, há casos em que a proibição é reforçada por uma advertência. Comparemos estes dois casos (116 e 117):

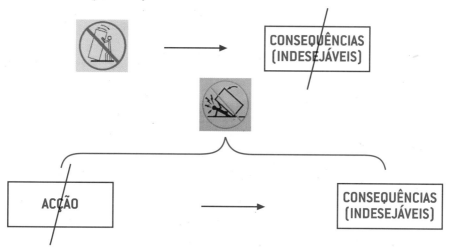

O primeiro exemplo é uma simples proibição ("Não incline a máquina"). O segundo é formalmente uma proibição mas inclui também a descrição das consequências; pode parafrasear-se como: "não faça isto porque a consequência poderá ser..."

No índice final assinalaremos estes casos com a etiqueta de proibição advertida. Em certos casos a advertência é feita apenas no texto 106.

DESCRIÇÃO

Há casos de negação que não constituem proibição mas uma simples descrição. Por exemplo: a imagem com uma cruz que a linha aérea propõe ao passageiro para que este identifique a sua bagagem perdida como "sem fecho" (137).

Um mesmo sinal pode constituir uma proibição (se estiver num lugar público, 75) e uma descrição (se estiver ligado a um produto, 141). Normalmente as utilizações por parte da infografia jornalística são descrições (143, 144 compare-se este último com a proibição de 31).

Um caso particular da descrição negativa surge na informação sobre o estado: a negação indica que um determinado nível de um programa informático ou de um mecanismo está desactivado (131).

Por vezes, a imagem negada indica um efeito que o seu receptor pode conseguir (como "sem melgas, 146). Esta descrição de um efeito constituirá uma ordem no caso de o receptor poder obtê-lo ao accionar um mecanismo ou o ícone de um programa, como por exemplo uma "desinstalação" (132).

Como podemos observar, a tradução linguística destas negações pode ser, tanto o simples *não* como outras formas negativas: *sem, des-, livre de* ...

No índice final iremos identificar de forma separada as descrições, os estados, as ordens e os efeitos.

AFIRMAÇÃO

Em teoria, resultaria num sistema de proibição/recomendação negativa de uma acção que se considera nefasta: a representação da acção oposta àquela que se pretende evitar. É esse o caso do sinal "leve a criança ao colo [numa passadeira rolante]", alternativa a "não deixe as crianças sobre a passadeira":

OPOSIÇÃO

Tanto a proibição/recomendação como a advertência têm em comum o facto de serem emitidas a partir de uma situação de poder. Quando a negação provém de quem não tem autoridade alguma sobre o receptor, é um enunciado de oposição (ideológica ou prática). Um mesmo enunciado negativo ("não beber e conduzir") pode ser uma proibição se provier de uma autoridade militar (8), e uma declaração de oposição se proceder de uma associação (C119[2]).

A oposição é objecto do livro. *Contra!*

PROCEDIMENTOS GRÁFICOS DE NEGAÇÃO

O índice final do volume permitirá aceder aos exemplos consoante o seu procedimento de negação.

---

2 Os números precedidos pela letra C são exemplos do livro *Contra!*.

ACRESCENTOS SINALÉTICOS

Encontram-se os seguintes (por ordem decrescente de frequência segundo o corpus reunido): "proibido estacionar", com uma cruz, barra inclinada, círculo vermelho, "direcção proibida", "stop". **Excepto a com uma cruz, todos provêm dos sinais de trânsito.**

MODIFICADORES DO OBJECTO OU ACÇÃO

São a cor vermelha **(geralmente conjugada com outros recursos) e a** ruptura.

INDEPENDENTES

Como os gestos **(que têm significados culturalmente determinados: o dedo nos lábios para "não ruído", a mão levantada mostrando a palma para "não entrar", etc.). Ou alguns usos** específicos: **um penso para indicar "mau estado" de um elemento numa exposição. Por último, surgem os sinais** tradicionais **(como a caveira para a morte).**

ACUMULAÇÃO DE PROCEDIMENTOS

Em alguns casos apresentam-se ao lado da acção proibida ou desaconselhada (assinalada negativamente através de uma cruz, etc.) e da acção recomendada. A eles nos referiremos como sim/não. **Por vezes o criador do sinal pretende reforçar a sua mensagem por** acumulação **de recursos de negação.**

MENSAGEM ICONOGRÁFICA E MENSAGEM TEXTUAL

Em muitos casos coexiste a mensagem textual e a imagem (24). **Significa isso uma falta de confiança na capacidade da imagem (ou do texto) por si sós? Há mensagens iconográficas pouco claras, que sem dúvida necessitam de um complemento** (22, 64, ...) **Mas em muitos outros a presença de texto, provavelmente, é apenas um procedimento de redundância. Nas explicações dos sinais incluiremos o texto que os acompanha, quando existir.**

SUPORTE E GRAFISMO

O SUPORTE

As proibições surgem principalmente confinadas a dois suportes: os sinais e os cartazes. Embora os limites nem sempre sejam claros, poderemos dizer que o arquétipo dos sinais é o da circulação (e o seu prolongamento os semáforos), e chamaremos cartazes a qualquer outra inscrição pública.

As recomendações negativas estão ligadas às embalagens, recipientes e etiquetas (embora surjam também como cartazes de pequena dimensão em máquinas e dispositivos).

Os meios impressos, como a imprensa (infografias), folhetos e panfletos são o terreno próprio das descrições.

Os meios digitais, como *displays* e ecrãs e os ícones do computador apresentam informações de estado e ordens, enquanto que as webs acumulam toda a tipologia: umas actuam como autênticos folhetos (95), outras fazem uma utilização infográfica dos sinais (7), ou reúnem repertórios de sinais que funcionam no mundo real (86).

O índice final permitirá recuperar todos os sinais pelo seu suporte.

GRAFISMO

Reunimos casos de criação profissional (quer com a representação simplificada, de pictograma 3, ou com outras mais "realistas", 88, 91), juntamente com produtos decididamente artesanais (109), ou de elaboração caseira (34). O carácter específico do suporte condiciona muitas vezes o resultado, como nos impressos sobre embalagens (53, 54), ou na apresentação em ecrã (67). A integração de sinais na web deu origem a casos de aproveitamento dos recursos do meio (como o movimento no gif animado, 145).

O QUE SE NEGA

O universo do que é recusado ou rejeitado é também o reino da sinédoque (que, recordamos, consiste em referir-se ao todo através de uma das suas partes). Para colocar o exemplo mais simples, a expressão de "proibida a entrada a cães" através da imagem de um membro de determinada raça não implica que apenas essa esteja proibida (9). Do mesmo modo, a proibição de fumar representada por um cigarro não afecta apenas esses embora haja quem, para se assegurar, represente toda a gama do que é fumável (4). A proibição múltipla tem por objectivo eliminar estes artifícios de sinédoque mas, também, simplesmente, fazer uma enumeração (66).

Outra questão bem conhecida é a do "representante canónico" de um conceito. Por exemplo: a comida transportável num espaço público será representada por um hamburguer 33 (embora nos fixemos no desvio cultural que isso pressupõe). "Lixo" será representado pelo coração de uma maçã e por uma garrafa partida (36, etc). No entanto, é perigoso que a representação humana seleccione um determinado estereótipo étnico (o sinal poderá funcionar perfeitamente sem um ser humano, 122), ou de género: o trabalhador da construção masculino (80), a mulher da limpeza (125) e a mulher às compras com a criança (104).

A REPRESENTAÇÃO

A representação de conceitos abstractos é, logicamente, a mais complexa. Na nossa selecção podem encontrar-se exemplos como a passagem do tempo através de um calendário (65), ou a lotaria mediante o sinal de sorte (77). Decerto, o significado "sorte" atribuído às figas (cruzar os dedos) não é de todo universal, pelo que a representação gráfica pode facilmente cair na armadilha local. Também existem armadilhas linguísticas: o ícone de um programa para "apagar imagens miniatura" (135) é um polegar com uma cruz porque essas imagens em inglês se denominam *thumbnail* (unha do dedo polegar).

Nos objectos representados pode também suceder um processo de sinédoque: o gesto de "Alto!" pode ser representado apenas com a mão, com a mão e com o braço, até chegar a todo o corpo (69-71, outro exemplo na série 91-92). Mas, por outro lado, um elemento não tem que significar sempre o mesmo: a polissemia é bastante frequente. Uma mão de frente pode significar "Alto!" (69), "protecção" (74) ou, também, "mão" (73).

Os elementos de negação podem abranger a totalidade do representado (85), ou seleccionar apenas uma circunstância (20, 97, 103, ...) Para emitir uma mensagem positiva pode utilizar-se também o recurso como litotes (negar a negação). Assim "Vigie as crianças" pode traduzir-se iconograficamente como "Não não-vigie" (104).

O CONTEXTO

Logicamente, o contexto esclarece muito melhor aquilo que um simples sinal transmite. Um sinal de trânsito adquire um sentido diferente no quarto de um hotel (1). Ou um mesmo sinal de detenção pode ter um sentido espacial (70) ou de uma pausa para reflectir (69).

Do mesmo modo, um objecto com uma cruz pode indicar a proibição da sua introdução em determinado recinto (30); do seu uso (50, 54); de o inserir num dispositivo (48), etc. Um mesmo sinal pode significar quer "não tomar duche" (59) como "não utilizar no duche" (60). E assim sucessivamente...

Por vezes o próprio sinal expõe as condições da proibição: 51, 120.

Onde aparecem estes sinais? Pela sua própria natureza, nos espaços públicos e, dentro deles, nos que têm maior concentração de pessoas: aeroportos, metro, museus e monumentos, lojas e, nestas, em locais especialmente conflituosos (obras, escadas rolantes, máquinas)... O índice final permitirá aceder directamente aos sinais pelos lugares em que se encontram.

O JOGO

Por último, o facto de que os recursos básicos de negação sejam tão conhecidos tornou possível que se utilizem também de forma irónica (uma vez que os receptores conhecem bem o seu uso "normal"). Pode observar-se no jogo erótico com a barra em 149, naquele em que o carácter de proibido se converte num atractivo... Cabe-nos, por último, referir que algumas das apresentações têm basicamente uma intenção humorística (6, 46, 84, 129), e que a sua existência mostra como, por sorte, pode haver uma apropriação privada por parte de um código tão poderoso de controlo social como é o da proibição.

REPERTORIO
REPERTOIRE
REPERTÓRIO

"No molestar" [No entrar], colgador en la puerta, Ávila (España), hotel, 1999

"No molestar": Do not disturb [Do not enter], hanging door sign, Ávila (Spain), hotel, 1999

"No molestar": Não incomodar [Não entrar], puxador na porta, Ávila (Espanha), hotel, 1999

Circulación prohibida, señal, Lisboa (Portugal), Ayuntamiento, 2003

No entry, traffic sign, Lisbon (Portugal), City Hall, 2003

Circulação proibida, sinal, Lisboa (Portugal), Câmara Municipal, 2003

Prohibido fumar [No cigarrillo], cartel, París, hotel, 1998

No smoking [No cigarette], poster, Paris, hotel, 1998

Proibido fumar [Não cigarro], cartaz, Paris, hotel, 1998

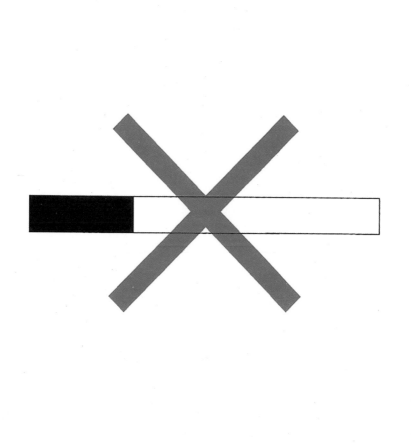

4

Prohibido fumar [Ni puro, ni cigarrillo, ni pipa], señal, Holanda, hotel (2002),
http://ibm1.cicrp.jussieu.fr/guet/verscheuren.jpg

No smoking [Cigar or cigarette or pipe], sign, Holland, hotel, (2002),
http://ibm1.cicrp.jussieu.fr/guet/verscheuren.jpg

Proibido fumar [Nem charuto, nem cigarro, nem cachimbo], sinal, Holanda, hotel (2002),
http://ibm1.cicrp.jussieu.fr/guet/verscheuren.jpg

5

"Quit Smoking": Dejar de fumar [No, alto al cigarrillo que mata], web, Cary (EEUU), The Stop Clinic (2002), http://www.stopclinic.com/

"Quit Smoking" [Halt fatal cigarette], web, Cary (USA), The Stop Clinic, (2002), http://www.stopclinic.com/

"Quit Smoking": Deixar de fumar [Não, alto aos cigarros que matam], web, Cary (EUA), The Stop Clinic (2002), http://www.stopclinic.com/

"No Smoking": No fumar [No, golpe al fumador], web, Japón repertorio (2003),
http://www7.big.or.jp/ffkatsurao/sign/traffic.htm

"No Smoking" [Blow to smoker], web, Japan, image-bank, (2003),
http://www7.big.or.jp/ffkatsurao/sign/traffic.htm

**"No Smoking": Não fumar [Não, ataque ao fumador], web, Japão repertório (2003),
http://www7.big.or.jp/ffkatsurao/sign/traffic.htm**

7

No fume ni beba (en el embarazo) [Ni copa ni cigarrillo], web, Francia, Infobebes (2002), http://www.infobebes.com/htm/devenir_enceinte/hygiene_vie.asp

Do not smoke or drink (during pregnancy) [No wine glass or cigarette], web, France, Infobébés, (2002), http://www.infobebes.com/htm/devenir_enceinte/hygiene_vie.asp

Não fume nem beba (durante a gravidez) [Nem copos nem cigarro], web, França, Infobebes (2002), http://www.infobebes.com/htm/devenir_enceinte/hygiene_vie.asp

8

"Don't Drink and Drive": No beba y conduzca [No llaves en copa], web, Fort Drum (EE.UU.), 10th Mountain Division (Light Infantry) (2002), http://www.drum.army.mil/inproces/inproc.htm

"Don't Drink and Drive" [No car keys in cocktail glass], web, Fort Drum (USA), 10th Mountain Division (Light Infantry), (2002), http://www.drum.army.mil/inproces/inproc.htm

"Don't Drink and Drive": Não beba e conduza [Não chaves em copo], web, Fort Drum (EUA), 10th Mountain Division (Light Infantry) (2002), http://www.drum.army.mil/inproces/inproc.htm

9

"Noi aspettiamo": Nosotros esperamos [No perro], cartel, Burano, (Italia), tienda, 2003

"Noi aspettiamo": We expect [No dog], notice, Burano (Italy), shop, 2003

"Noi aspettiamo": Nós esperamos [Não cão], cartaz, Burano (Itália) loja, 2003

Prohibida la entrada de perros [No perro, grande ni pequeño], señal, Venecia (Italia), bar, 2003

No dogs allowed [No dog, big or small], sign, Venice (Italy), bar, 2003

Proibida a entrada de cães [Não cão, grande on pequeno], sinal, Veneza (Itália) bar, 2003

No perros sueltos [No perro sin correa], señal, Barcelona (España), calle, 2003

No dogs not on the lead [No dog without lead], sign, Barcelona (Spain), street, 2003

Não a cães soltos [Não a cão sem trela], sinal, Barcelona (Espanha) rua, 2003

"Même tenus en laisse": Incluso con correa [No perros], señal, París (Francia), Ayuntamiento, parque, 2002

"Même tenus en laisse": Even on a lead [No dogs], sign, Paris (France), City Council, park, 2002

"Même tenus en laisse": Inclusivamente com trela [Não cães], sinal, Paris (França), Câmara Municipal, parque, 2002

MÊME TENUS EN LAISSE

13

Prohibido que los perros ensucien [No perro ensuciando], web The Original Free Tubes Site, repertorio de imágenes (2002), http://tubes.ominix.com/art/a/misc/

Don't let your dog foul the street [No dog fouling], web, The Original Free Tubes Site, image-bank, (2002), http://tubes.ominix.com/art/a/misc/

É proibido que os cães sujem [Não cão a sujar], web The Original Free Tubes Site, repertório de imagens (2002), http://tubes.ominix.com/art/a/misc/

14

No permitir que los perros ensucien [No señor mirando a otro lado mientras el perro ensucia], señal, Nashville, Tennessee (EE.UU), J.A.R.S. Pet Palace (2002),
http://www.jarspets.com/product_images/no-pooping-sign.jpeg

Letting your dog foul the street is forbidden [No man looking other way and dog fouling], sign, Nashville, Tennessee (USA), J.A.R.S. Pet Palace, (2002),
http://www.jarspets.com/product_images/no-pooping-sign.jpeg

Não permitir que os cães sujem [Não senhor olhar outro lado e cão suja], sinal, Nashville, Tennessee (EUA), J.A.R.S. Pet Palace (2002), http://www.jarspets.com/product_images/no-pooping-sign.jpeg

©98 Bemis

15

"No cardiac pacemakers allowed!": No se permiten marcapasos [No corazón con aparato], web, Berlín (Alemania), research group of Professor Paul Fumagalli, repertorio de señales, 1999 (2000), http://www.physik.fu-berlin.de/ffag-fumagalli/download/download.html

"No cardiac pacemakers allowed!" [No heart with appliance], web, Berlin (Germany), research group of Professor Paul Fumagalli , image-bank of signs, 1999 (2002), http://www.physik.fu-berlin.de/ffag-fumagalli/download/download.html

"No cardiac pacemakers allowed!": Não são permitidos pacemakers [Não coração com aparelho], web, Berlim (Alemanha), research group of Professor Paul Fumagalli, repertório de sinais, 1999 (2002), http://www.physik.fu-berlin.de/ffag-fumagalli/download/download.html

16

"Divieto di accesso ai portatori di protesi metalliche": Prohibido el acceso a los portadores de prótesis metálicas [No cabeza de fémur postiza], web, Génova (Italia), Progetto Sicurezza, repertorio de señales (2002), http://www.underglobe.com/sicurezza/divieto.htm

"Divieto di accesso ai portatori di protesi metalliche": No access for wearers of metal prostheses [No hip replacements], web, Genoa (Italy), Progetto Sicurezza, image-bank of signs, (2002), http://www.underglobe.com/sicurezza/divieto.htm

"Divieto di accesso ai portatori de protesi metalliche": Proibido o acesso aos portadores de próteses metálicas [Não cabeça de fémur postiça], web, Génova (Itália), Progetto Sicurezza, repertório de sinais (2002), http://www.underglobe.com/sicurezza/divieto.htm

17

Quítese la dentadura (en caso de accidente) [No dentadura postiza], folleto, Madrid (España), Boeing 757, avión, 1999

Remove your false teeth (in case of accidents) [No false teeth], leaflet, Madrid (Spain), Boeing 757, plane, 1999

Retire a dentadura (em caso de acidente) [Não dentadura postiça], folheto, Madrid (Espanha), Boeing 757, avião, 1999

No exponer al magnetismo [No imán], envase, Madrid (España), disquete, funda, 1996

Do not expose to magnetic fields [No magnet], packaging, Madrid (Spain), floppy disk, sleeve, 1996

Não expor ao magnetismo [Não íman], embalagem, Madrid (Espanha), disquete, invólucro, 1996

No use telefonos móviles, cartel, La Bisbal (España), gasolinera, 2003

Do not use cellphones, notice, La Bisbal (Spain), gas station, 2003

Não utilize telemóveis, cartaz, La Bisbal (Espanha), gasolineira, 2003

"No flash" [No flash], cartel, Cadaqués (España), iglesia 2001

"No flash", notice, Cadaqués (Spain), church, 2001

"No flash" [Não flash], cartaz, Cadaqués (Espanha), igreja 2001

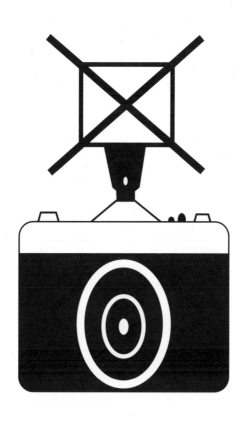

21

"Drug-Free Zone": Zona libre de drogas [No pastillas], web, Indiana (EEUU), A.S.A.P.
COALITION (2002), http://www.prevention.indiana.edu/asap/Contact%20Information.htm

"Drug-Free Zone" [No pills], web, Indiana (USA), A.S.A.P. COALITION, (2002),
http://www.prevention.indiana.edu/asap/Contact%20Information.htm

**"Drug-Free Zone": Zona livre de drogas [Não comprimidos], web, Indiana (EUA), A.S.A.P.
COALITION (2002), http://www.prevention.indiana.edu/asap/Contact%20Information.htm**

"Do Not Wear Thongs": No llevar sandalias, web, Wollongong (Australia), University of Wollongong, repertorio de signos de seguridad, 1998 (2003), http://www.uow.edu.au/admin/personnel/ohs/hazsymb.html

"Do Not Wear Thongs", web, Wollongong (Australia), University of Wollongong, image-bank of security signs, 1998 (2003), http://www.uow.edu.au/admin/personnel/ohs/hazsymb.html

"Do Not Wear Thongs": Não usar sandálias, web, Wollongong (Austrália), University of Wollongong, repertório de sinais de segurança, 1998 (2003), http://www.uow.edu.au/admin/personnel/ohs/hazsymb.html

23

"Prohibida la venta ambulante de rosas" [No rosas], cartel, Barcelona (España), bar, puerta, 2001

"Prohibida la venta ambulante de rosas": No itinerant rose-sellers [No rose], notice, Barcelona (Spain), bar, door, 2001

"Prohibida la venta ambulante de rosas": Proibida a venda ambulante de rosas [Não rosa], cartaz, Barcelona (Espanha), bar, porta, 2001

No use cutter [No cutter], embalaje, Madrid (España), cinta adhesiva, 1997

Do not use cutter [No cutter], packaging, Madrid (Spain), adhesive tape, 1997

Não use x-acto [Não x-acto], embalagem, Madrid (Espanha) fita adesiva, 1997

No podar [No podadora], envase, Barcelona (España), planta, 2001

No pruning [No pruning shears], wrapping, Barcelona (Spain), plant, 2001

Não podar [Não podadora], invólucro, Barcelona (Espanha) planta, 2001

No objetos punzantes [No tijeras], cartel, Barcelona (España), aeropuerto, mostrador de facturación, 2002

No pointed objects [No scissors], notice, Barcelona (Spain), airport, check-in desk, 2002

Não objectos pontiagudos [Não tesouras], cartaz, Barcelona (Espanha), aeroporto, mostrador de check-in, 2002

27

No armas blancas ni de fuego [Ni pistola ni puñal], señal, Estocolmo (Suecia), aeropuerto, entrada, 2002

No knives or firearms [No pistol or dagger], sign, Stockholm (Sweden), airport, entrance, 2002

Não armas brancas nem de fogo [Nem pistola nem punhal], sinal, Estocolmo (Suécia), aeroporto, entrada, 2002

No armas de fuego [No fusil ametrallador], cartel, Kabul (Afganistán), Emma Bonino en un coche de la Cruz Roja, 1997, © El País, Stephan Smith

No firearms [No machine gun], notice, Kabul (Afghanistan), Emma Bonino in a Red Cross car, 1997, © El País, Stephan Smith

Não armas de fogo [Não espingarda metralhadora], cartaz, Cabul (Afeganistão), Emma Bonino num carro da Cruz Vermelha, 1997, © El País, Stephan Smith

29

"Stay away from buildings that have military weapons near them" [No vehículo militar],
panfleto, EEUU, United States Central Command, lanzado sobre Irak, 2003,
http://www.centcom.mil/galleries/leaflets/images/izd-022b.jpg

"Stay away from buildings that have military weapons near them" [No army vehicle],
pamphlet, USA, United States Central Command, dropped over Iraq, 2003,
http://www.centcom.mil/galleries/leaflets/images/izd-022b.jpg

**"Stay away from buildings that have military weapons near them" [Não veículo militar],
panfleto, EUA, United States Central Command, lançado sobre o Iraque, 2003,
http://www.centcom.mil/galleries/leaflets/images/izd-022b.jpg**

No objetos metálicos [No llave inglesa], cartel, Barcelona (España), banco, puerta, 2001

No metal objects [No monkey-wrench], notice, Barcelona (Spain), bank, door, 2001

Não objectos metálicos [Não chave inglesa], cartaz, Barcelona (Espanha), banco, porta, 2001

No introduzca cubiertos [Ni cuchillo ni tenedor], cartel, Gerona (España), restaurante de autopista, horno microondas, 2002

Do not introduce cutlery [No knife and fork], notice, Gerona (Spain), motorway restaurant, microwave oven, 2002

Não introduza talheres [Nem faca nem garfo], cartaz, Gerona (Espanha), restaurante de área de serviço de auto-estrada, forno microondas, 2002

32

No coma cosas (antes de pagarlas) [No manzana mordida], cartel, Barcelona (España), supermercado, entrada, 2002

Do not eat things (before paying for them) [apple bit into], notice, Barcelona (Spain), supermarket, entrance, 2002

Não coma coisas (antes de as pagar) [Não maçã mordida], cartaz, Barcelona (Espanha), supermercado, entrada, 2002

No entrar con comidas ni bebidas [Ni hamburguesa ni coca-cola], cartel, Salamanca (España), Universidad, salón de actos, 2002

Do not enter with food and drink [No hamburger or Coca-Cola], notice, Salamanca (Spain), University, conference hall, 2002

Não entrar com comida nem bebidas [Nem hamburguer nem coca-cola], cartaz, Salamanca (Espanha), Universidade, sala de actos, 2002

34

"Glass. Ice cream. Undanbede": Helados. Por favor abstenerse [No helados], cartel, Sandhamn (Suecia), tienda, puerta, 2002

"Glass. Ice cream. Undanbede": Please refrain from eating ice cream [No ice creams], notice, Sandhamn (Sweden), shop, door, 2002

"Glass. Ice cream. Undanbede": Gelados. Por favor abster-se [Não gelados], cartaz, Sandhamn (Suécia), loja, porta, 2002

No depositar loza [No taza], cartel, Barcelona (España), Ayuntamiento, contenedor de vidrio, 2002

No crockery [No cup], notice, Barcelona (Spain), City Council, glass container, 2002

Não depositar louça [Não chávena], cartaz, Barcelona (Espanha), Câmara Municipal, contentor para vidro (vidrão), 2002

36

No arrojar basura [Ni manzana mordida ni botella rota], cartel, Santander (España), Ayuntamiento, playa, 2002

Do not throw litter [No apple core or broken bottle], notice, Santander (Spain), City Council, beach, 2002

Não atirar lixo [Nem maçã mordida nem garrafa partida], cartaz, Santander (Espanha), Câmara Municipal, praia, 2002

No entrar con mochilas [No mochila], cartel, Salamanca (España), museo, entrada (2002)

Do not enter with backpacks [No backpack], notice, Salamanca (Spain), museum, entrance, (2002)

Não entrar com mochilas [Não mochila], cartaz, Salamanca (Espanha), museu, entrada (2002)

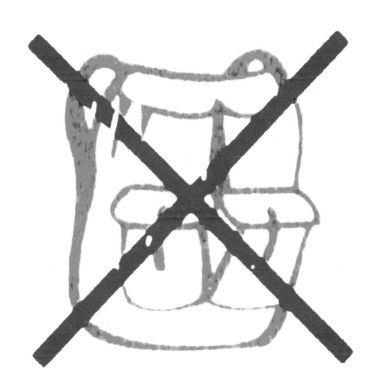

38

No acercar relojes [No reloj], cartel, Valencia (España), biblioteca, máquina de leer códigos, 2002

Do not come near wearing watch [No watch], notice, Valencia (Spain), library, barcode-reading machine, 2002

Não aproximar relógios [Não relógio], cartaz, Valência (Espanha), biblioteca, máquina para leitura de códigos, 2002

"Stop Fireworks and Light Rockets": Alto. Fuegos artificiales y cohetes ligeros [Ni fuegos ni cohete], cartel, Barcelona (España), aeropuerto, mostrador de facturación, 2002

"Stop Fireworks and Light Rockets" [No Roman candle or rocket], notice, Barcelona (Spain), airport, check-in desk, 2002

"Stop Fireworks and Light Rockets": Alto. Fogos de artifício e foguetes ligeiros [Nem fogos nem foguete], cartaz, Barcelona (Espanha), aeroporto, mostrador de check-in, 2002

40

"No High Loadings": No haga pilas altas [No apile muchas maletas: se caerán], cartel, Lisboa (Portugal), aeropuerto, pasillo rodante, 2002

"No High Loadings" [Do not pile up suitcases: they'll fall off], notice, Lisbon (Portugal), airport, moving pavement, 2002

"No High Loadings": Não empilhe volumes [Não empilhe muitas malas: podem cair], cartaz, Lisboa (Portugal), aeroporto, passadeira rolante, 2002

41

"No idling. Idling pollutes and is illegal": No esté con el motor en marcha: poluciona y es ilegal [No coche expeliendo humos], web, Barrie (Canadá), Dieseldoc, consejos para mantenimiento de vehículo (2002), http://www.dieseldoc.net/

"No idling. Idling pollutes and is illegal" [No car emitting fumes], web, Barrie (Canada), Dieseldoc, tips on vehicle maintenance, (2002), http://www.dieseldoc.net/

"No idling. Idling pollutes and is illegal": Não mantenha o motor ligado: polui e é ilegal [Não carro expelindo fumos], web, Barrie (Canadá), Dieseldoc, conselhos para a manutenção do veículo (2002), http://www.dieseldoc.net/

Prohibido entrar con patines, señal, Barcelona, metro, entrada, 2002

Entering on roller-skates forbidden [No roller-skate], sign, Barcelona, metro, entrance, 2002

Proibido entrar com patins, sinal, Barcelona (Espanha), metro, entrada, 2002

"The living coral polyp DIES when step on it": El pólipo de coral vivo MUERE cuando se le pisa [No pise el coral], web, Key West (EE.UU.), Reef Relief, consejos para tratar los arrecifes (2002), http://www.reefrelief.org/Printed_edu/Charter/charter.html

"The living coral polyp DIES when we step on it" [Do not step on coral], web, Key West (USA), Reef Relief, advice on treatment of reefs, (2002), http://www.reefrelief.org/Printed_edu/Charter/charter.html

"The living coral polyp DIES when we step on it": O pólipo de coral vivo MORRE ao ser pisado [Não pise o coral], web, Key West (EUA), Reef Relief, conselhos para cuidar dos recifes (2002), http://www.reefreleif.org/Printed_edu/Charter/charter.html

44

"Toute pêche est interdite": Prohibida cualquier pesca [No anzuelo cerca de pez], web, Temiscamingue (Canadá), Web de Temiscamingue (2002), http://www.temiscamingue.net/zec_kipawa/nouveautes.html

"Toute pêche est interdite": All fishing prohibited [No hook close to fish], web, Temiscamingue (Canada), Web de Temiscamingue, (2002), http://www.temiscamingue.net/zec_kipawa/nouveautes.html

"Toute pêche est interdite": Proibido qualquer tipo de pesca [Não anzol perto de peixe], web, Temiscamingue (Canadá), web de Temiscamingue (2002), http://www.temiscamingue.net/zec_kipawa/nouveautes.html

45

"Vietato accostare": Prohibido arrimarse [No barca junto a muelle], señal, Venecia (Italia), muelle de vaporetto, 2003

"Vietato accostare": Mooring forbidden [No boat alongside wharf], sign, Venice (Italy), vaporetto wharf, 2003

"Vietato accostare" Proibido aproximar-se [Não barco junto ao cais], sinal, Veneza (Itália) cais de vaporetto, 2003

No usar bikini [No bikini], cartel, Cadaqués (España), barca, 2002

No wearing bikinis [No bikini], notice, Cadaqués (Spain), boat, 2002

Não usar biquini [Não biquini], cartaz, Cadaqués (Espanha), barca, 2002

No planchar [No plancha], etiqueta, Madrid (España), ropa, 1998

No ironing [No iron], label, Madrid (Spain), article of clothing, 1998

Não engomar [Não tábua de passar a ferro], etiqueta, Madrid (Espanha) roupa, 1998

No meter la corbata [No corbata], cartel, Madrid (España), aparato aire
acondicionado, 2001

Do not put the tie in [No tie], notice, Madrid (Spain), air-conditioning appliance, 2001

**Não meter a gravata [Não gravata], cartaz, Madrid (Espanha) aparelho de ar
condicionado, 2001**

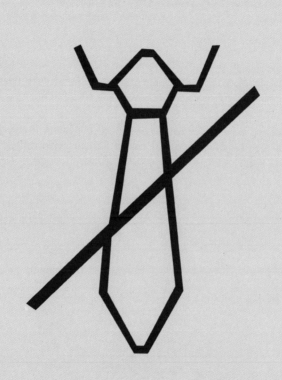

49

"No abandoni trastos ni petits ni grans al carrer": No abandone trastos, pequeños ni grandes,en la calle [No sillón viejo], cartel, Barcelona (España), Ayuntamiento, portal, 2002

"No abandoni trastos ni petits ni grans al carrer": Do not leave household junk, big or small, in the street [No old armchair], notice, Barcelona (Spain), City Council, doorway, 2002

"No abandoni trastos ni petits ni grans al carrer": Não abandone trastes, grandes ou pequenos, na rua [Não cadeirão velho], cartaz, Barcelona (Espanha), Câmara Municipal, portal, 2002

50

"La ley prohibe fotocopiar esta obra" [No fotocopiadora], folleto, Buenos Aires (Argentina), Ricordi Americana S.A.E.C., partitura, 2002

"La ley prohibe fotocopiar esta obra": The law prohibits photocopying this work [No photocopier], leaflet, Buenos Aires (Argentina), Ricordi Americana S.A.E.C., music score, 2002

"La lay prohibe fotocopiar esta obra": A lei proíbe fotocopiar esta obra [Não fotocopiadora], folheto, Buenos Aires (Argentina), Ricordi Americana S.A.E.C., partitura, 2002

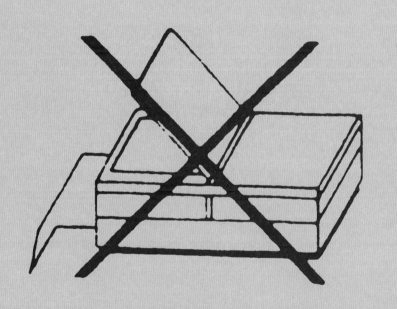

51

No meta monedas cuando aparezca la señal [No moneda, señal brilla], cartel, Barcelona (España), cabina telefónica, 2000

Do not introduce coins when the signal appears [No coin, sign lights up], notice, Barcelona (Spain), phone booth, 2000

Não insira moedas quando aparecer o sinal [Não moeda, sinal aceso], cartaz, Barcelona (Espanha) cabina telefónica, 2000

"Do not obstruct the corridors and exit points" No obstruya los pasillos y las salidas [No cajón en puerta], cartel, París (Francia), aeropuerto, 2002

"Do not obstruct the corridors and exit points" [No crate in door], notice, Paris (France), airport, 2002

"Do not obstruct corridors and exit points": Não obstrua os corredores nem as saídas [Não caixote na porta], cartaz, Paris (França), aeroporto, 2002

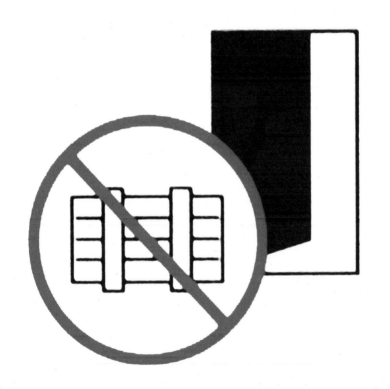

No llevar con carro [No carro], embalaje, Barcelona (España), 2002

Do not carry on trolley [No trolley], packaging, Barcelona (Spain), 2002

Não levar com carro [Não carro], embalagem, Barcelona (Espanha), 2002

No usar gancho [No gancho], embalaje, Madrid (España), 2001

No hooks [No hook], packaging, Madrid (Spain), 2001

Não usar gancho [Não gancho], embalagem, Madrid (Espanha), 2001

"Agua no potable" [No vaso lleno], cartel, Madrid (España), tren, servicios, 1999

"Agua no potable": Not drinking water [No full glass], notice, Madrid (Spain), train, toilets, 1999

"Agua no potable": Água não potável [Não copo cheio], cartaz, Madrid (Espanha), comboio, casas de banho, 1999

No verter liquido [No echar líquido con una jarra], envase, Bruselas (Bélgica), avión, bolsa de mareo, 1999

No pouring liquid [Don't tip liquid from jug], bag, Brussels (Belgium), plane, sick-bag, 1999

Não verter líquido [Não deitar líquido com um jarro], recipiente, Bruxelas (Bélgica), avião, saco para o enjoo, 1999

57

No mojar [No echar líquido con un vaso], envase, Barcelona (España), disquete, funda, 1999

Do not moisten [No tipping liquid from glass], packaging, Barcelona (Spain), floppy disk, sleeve, 1999

Não molhar [Não deitar líquido com um copo], embalagem, Barcelona (Espanha), disquete, invólucro, 1999

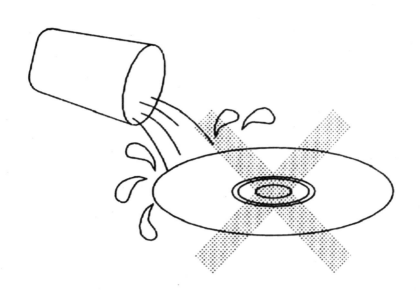

58

"Toxic spray prohibited. Organic Farm": Prohibido el fumigado toxico. Cultivo orgánico [No gotitas sobre plantas y bichos], web, Spring Valley (EE.UU.), The Midwest Organic and Sustainable Education Service (2002), http://www.mosesorganic.org/MOSES/books.html

"Toxic spray prohibited. Organic Farm" [No drops of liquid on plants and insects], web, Spring Valley (USA), The Midwest Organic and Sustainable Education Service, (2002), http://www.mosesorganic.org/MOSES/books.html

"Toxic spray prohibited. Organic Farm": Proibido fumigações tóxicas. Cultura orgânica [Não gotas sobre plantas e animais], web, Spring Valley (EUA), The Midwest Organic and Sustainable Education Service (2002), http://www.mosesorganic.org/MOSES/books.html

59

Prohibido ducharse [No ducha (¿con jabón?)], cartel, Barcelona (España),
Ayuntamiento, playa, 2002

Showering forbidden [No shower (with soap?)], notice, Barcelona (Spain), City Council,
beach, 2002

**Proibido tomar duche [Não duche (com sabão?)], cartaz, Barcelona (Espanha)
Câmara Municipal, praia, 2002**

No usar en la ducha [No ducha], envase, Madrid (España), secador de pelo, 1999

Do not use in the shower [No shower], packaging, Madrid (Spain), hair-dryer, 1999

Não usar no duche [Não duche], embalagem, Madrid (Espanha) secador de cabelo, 1999

No apagar con agua [No echar agua sobre fuego], cartel, Pisa (Italia), puerta de transformador, 2001

Do not put out with water [No throwing water on fire], notice, Pisa (Italy), transformer door, 2001

Não apagar com água [Não deitar água sobre o fogo], cartaz, Pisa (Itália) porta de transformador, 2001

62

"No exponer a corrientes de aire" [No vela junto a ventana abierta], envase, Madrid (España), 1998

"No exponer a corrientes de aire": Do not expose to draughts [No candle next to open window], packaging, Madrid (Spain), 1998

"No exponer a corrientes de aire": Não expor a correntes de ar [Não vela próximo de janela aberta], recipiente, Madrid (Espanha), 1998

No encender fuego [No cerilla encendida], señal, Saltarö (Suecia), gasolinera, 2002

Do not light fires [No lit match], sign, Saltarö (Sweden), gas station, 2002

Não fazer fogo [Não fósforo aceso], sinal, Saltarö (Suécia), gasolineira, 2002

"Bitte keine Reklame einwerfen": Por favor no introduzca publicidad [No papel en buzón], cartel, Frankfurt (Alemania), buzón, 1997

"Bitte keine Reklame einwerfen": No advertising, please [no paper in letter box], notice, Frankfurt (Germany), letter box, 1997

"Bitte keine Reklame einwerfen": Por favor não introduza publicidade [Não papel na caixa do correio], cartaz, Frankfurt (Alemanha) caixa do correio, 1997

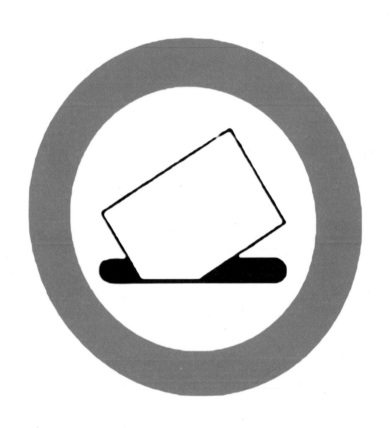

65

"Evite mis cuatro enemigos(...) el tiempo" [No calendario], envase, Barcelona (España), café, 2002

"Evite mis cuatro enemigos(...) el tiempo": Avoid my four enemies(...) time [No calendar], packaging, Barcelona (Spain), café, 2002

"Evite mis cuatro enemigos(...) el tiempo": Evite os meus quatro inimigos(...) o tempo [Não calendário], embalagem, Barcelona (Espanha) café, 2002

"What can't I carry on? Boogie Boards. Coolers with ice...": ¿Qué no puedo llevar? Tablas de surf, neveras con hielo... [Ni tabla ni nevera ni...], web, Honolulu (EEUU), Aloha Airlines, consejos para el vuelo, 2002, http://www.alohaairlines.com/faq.htm

"What can't I carry on? Boogie Boards. Coolers with ice... " [No board or fridge or...], web, Honolulu (USA), Aloha Airlines, flight tips, 2002, http://www.alohaairlines.com/faq.htm

"What can't I carry on? Boogie Boards. Coolers with ice... ": O que não posso levar? Pranchas de surf, arcas com gelo... [Nem prancha nem arca nem...], web, Honolulu (EUA), Aloha Airlines, conselhos para o voo, 2002, http://www.alohaairlines.com/faq.htm

67

"Attention!": ¡Atención! [Ni imán, ni spray... en la maleta], pantalla, París (Francia), aeropuerto, mostrador de facturación, 2002

"Attention!" [No magnet or spray or... in suitcase], screen, Paris (France), airport, check-in desk, 2002

"Attention!": Atenção! [Nem íman, nem spray... na bolsa], ecrã, Paris (França), aeroporto, mostrador check-in, 2002

ATTENTION!

Ni hombres en pantalón corto, ni mujeres escotadas, ni teléfonos móviles, ni perros, ni comida, ni fumar, ni equipaje [no señor en pantalón corto, no señora con vestido, no móvil, no perro, no helado, no cigarrillo, no maleta y mochila], cartel, Pisa (Italia), Catedral, 2002

No men in shorts, or women in scanty clothing, or cellphones, or dogs, or food, or smoking, or bags (no man in shorts, no woman in short dress, no cellphone, no dog, no ice cream, no cigarette, no suitcase and backpack), notice, Pisa (Italy), Cathedral, 2002

Nem homens de calções, nem mulheres com decote, nem telemóveis, nem cães, nem comida, nem fumar, nem bagagem, (não senhor de calções, não senhora de vestido, não telemóvel, não cão, não gelado, não cigarro, não pasta e mochila), cartaz, Pisa (Itália), Catedral, 2002

69

"Stop a moment!": Pare un momento [Alto], web, Northern Virginia (EEUU), Northern Virginia Community College, Test por línea (2002),
http://www.nv.cc.va.us/home/nmctaggart/dogwood/dogwood/test-taking6d.htm

"Stop a moment!" [Halt], web, Northern Virginia (USA), Northern Virginia Community College, test by line, (2002),
http://www.nv.cc.va.us/home/nmctaggart/dogwood/dogwood/test-taking6d.htm

"Stop a moment!": Páre um momento [Alto], web, Northern Virginia (EUA), Northern Virginia Community College, Teste linha a linha (2002), http://www.nv.cc.va.us/home/nmctaggart/dogwood/dogwood/test-taking6d.htm

Alto [Señor dice: Alto], cartel, Lisboa (Portugal), obras, 2003

Halt! [Man says: Halt], notice, Lisbon (Portugal), building site, 2003

Alto [Senhor diz: Alto], cartaz, Lisboa (Portugal) obras, 2003

No pasar [Señor impide el paso], cartel, Barcelona (España), metro, escaleras mecánicas, 2003

Do not pass [Man impedes passage], notice, Barcelona (Spain), metro, escalator, 2003

Não passar [Senhor impede a passagem], cartaz, Barcelona (Espanha), metro, escadas rolantes, 2003

"Divieto di accesso. Sorveglianza armata": Prohibido el acceso: Vigilancia armada [Soldado apunta], cartel, Orvieto (Italia), Zona militar, Orvieto (Italia), 2001

"Divieto di accesso. Sorveglianza armata": Access forbidden: armed surveillance [Soldier points rifle], notice, Orvieto (Italy), Zona militare, Orvieto (Italy), 2001

"Divieto di accesso. Sorveglianza armata": Proibido o acesso: vigilância armada [Soldado aponta], cartaz, Orvieto (Itália), Zona militar, Orvieto (Itália), 2001

No poner la mano [No mano], cartel, Barcelona (España), metro, puertas automáticas, 2002

Do not put hands [No hand], notice, Barcelona (Spain), metro, automatic doors, 2002

Não pôr a mão [Não mão], cartaz, Barcelona (Espanha), metro, portas automáticas, 2002

"Store in a cool place": Almacenar en sitio fresco [No sol], web, New South Wales (Australia), New South Wales Government (2002), http://www.bushfire.nsw.gov.au/

"Store in a cool place" [No sun], web, New South Wales (Australia), New South Wales Government, (2002), http://www.bushfire.nsw.gov.au/

"Store in a cool place": Guardar em lugar fresco [Não sol], web, New South Wales (Austrália), New South Wales Government (2002), http://www.bushfire.nsw.gov.au/

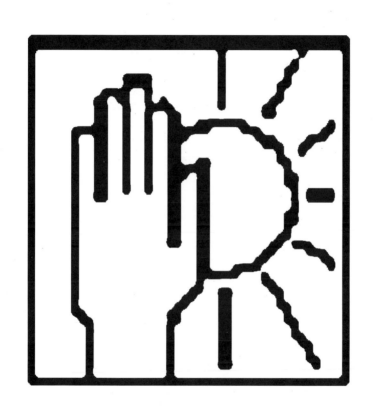

75

"Los vecinos descansan" [Persona dice: "Chiss"], cartel, Barcelona (España), bar, puerta, 2003

"Los vecinos descansan": Local residents sleeping [Person says: "Shush"], notice, Barcelona (Spain), bar, door, 2003

"Los vecinos descansan": Os vizinhos estão a descansar [Pessoa diz: "Chiu"], cartaz, Barcelona (Espanha), bar, porta, 2003

"No Hitch-Hiking": No auto-stop [No signo de parar un coche], web, Ciudad del Cabo (Suráfrica), Departament of Transport, repertorio de señales de tráfico (2002), http://www.transport.gov.za/library/

"No Hitch-Hiking" [No thumbing], web, Cape Town (South Africa), Department of Transport, image-bank of traffic signs, (2002), http://www.transport.gov.za/library/

"No Hitch-Hiking": Não pedir boleia [Não sinal de pedir boleia], web, Cidade do Cabo (África do Sul), Department of Transport, repertório de sinais de trânsito (2002), http://www.transport.gov.za/library/

77

"Young persons under the age of 16 are prohibited from purchasing lottery tickets":
Los menores de 16 años tienen prohibido comprar billetes de lotería [No cruzar los dedos],
web, Gloucestershire (Inglaterra), Gloucestershire Council, ventas a menores, 2001
(2002), http://www.tradingstandards.gov.uk/glos/lottery.htm

"Young persons under the age of 16 are prohibited from purchasing lottery tickets"
[No luck sign], web, Gloucestershire (England), Gloucestershire Council, sales to minors,
2001 (2002), http://www.tradingstandards.gov.uk/glos/lottery.htm

"Young persons under the age of 16 are prohibited from purchasing lottery tickets"
Os menores de 16 anos estão proibidos de comprar bilhetes de lotaria [Não fazer figas],
web, Gloucestershire (Inglaterra), Gloucestershire Council, vendas a menores,
2001 (2002), http://www.tradingstandards.gov.uk/glos/lottery.htm

78

No tirar basura [No dejar caer papeles], señal, Bangkok (Tailandia), (2002),
http://www.photo.net/thailand/bangkok

Do not throw litter [No letting bits of paper go], sign, Bangkok (Thailand), (2002),
http://www.photo.net/thailand/bangkok

Não deitar lixo [Não deixar cair papéis], sinal, Banguecoque (Tailândia), (2002)
http://www.photo.net/thailand/bangkok

No echar colillas en las escaleras, cartel, Venecia (Italia), aeropuerto, escaleras mecánicas, 2003

Do not throw cigarette butts on the escalator, notice, Venice (Italy), airport, escalator, 2003

Não deitar beatas nas escadas, cartaz, Veneza (Itália), aeroporto, escadas rolantes, 2003

"Non gettare materiali dai ponteggi": No tirar materiales desde el andamio, señal, Venecia (Italia), obras, 2003

"Non gettare materiali dai ponteggi": Do not throw materials from the scaffolding, sign, Venice (Italy), building works, 2003

"Non gettare materiali dai ponteggi": Não atirar materiais do andaime, sinal, Veneza (Itália), obras, 2003

81

No tirar al váter [No bayeta al váter], envase, Barcelona (España), bayetas, 1999

Do not throw in the toilet [No cleaning cloth in toilet], wrapping, Barcelona (Spain), cleaning cloths, 1999

Não atirar para a sanita [Não pano do pó na sanita], embalagem, Barcelona (Espanha), pano do pó, 1999

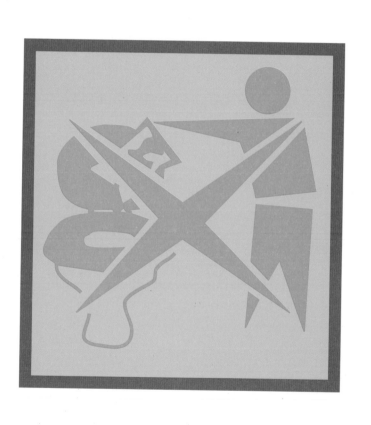

82

No tirar al váter [Ni botella ni cajetilla... al váter], cartel, Barcelona (España), avión, servicios, 2003

No throwing things in the toilet [No bottle or carton or... in toilet], notice, Barcelona (Spain), plane, toilets, 2003

Não atirar para a sanita [Nem garrafa nem maço de cigarros... para a sanita], cartaz, Barcelona (Espanha), avião, casas de banho, 2003

"No spitting": No escupir [No persona escupe], cartel, Shangai (China), metro, autor: Magnus Pfeffer, 1998 (2002), http://www.unix-ag.uni-kl.de/ffpfeffer/japan98/pages/pics/0821shanghai01.jpg

"No spitting" [No person spitting], notice, Shanghai (China), metro, author: Magnus Pfeffer, 1998 (2002), http://www.unix-ag.uni-kl.de/ffpfeffer/japan98/pages/pics/0821shanghai01.jpg

"No spitting": Não cuspir [Não pessoa cuspo], cartaz, Xangai (China), metro, autor: Magnus Pfeffer, 1998 (2002), http://www.unix-ag.uni-kl.de/ffpfeffer/japan98/pages/pics/0821shanghai01.jpg

Prohibidas las ventosidades [No persona ventosea], cartel, Barcelona (España), tienda, 2002

Breaking wind forbidden [No person breaking wind], notice, Barcelona (Spain), shop, 2002

Proibida a flatulência [Não pessoa gases], cartaz, Barcelona (Espanha), loja, 2002

No tocar [No dedo se acerca], cartel, Cadaqués (España), puesto de venta, minerales, 2002

Do not touch [No finger approaching], notice, Cadaqués (Spain), sales point, minerals, 2002

Não tocar [Não dedo perto], cartaz, Cadaqués (Espanha), vendedor ambulante, minerais, 2002

No tocar: electricidad [No dedos se acercan a electricidad], cartel, Esslingen
(Alemania), Fachhochschule Esslingen - Hochschule für Technik, repertorio de
señales de seguridad, 1999 (2002),
http://www.fht-esslingen.de/hochschule/umweltschutz/arbeitssicherheit/elektrik.html

Don't touch: electricity [No fingers approaching electricity], notice, Esslingen
(Germany), Fachhochschule Esslingen - Hochschule für Technik, image-bank of
security signs, 1999 (2002),
http://www.fht-esslingen.de/hochschule/umweltschutz/arbeitssicherheit/elektrik.html

**Não tocar: electricidade [Não dedos a aproximar-se da electricidade], cartaz,
Esslingen (Alemanha), Fachhochschule Esslingen – Hochschule für Technik,
repertório de sinais de segurança, 1999 (2002),
http://www.fht-esslingen.de/hochschule/umweltschutz/arbeitssicherheit/elektrik.html**

87

No toque a las tortugas [No dedo se acerca a tortuga], web, Huizen (Holanda), Stichting Schildpad, consejos sobre las tortugas, 2002, http://www.schildpad.nl

Do not touch tortoises [No finger approaching tortoise], web, Huizen (Holland), Stichting Schildpad, tips on tortoises, 2002, http://www.schildpad.nl

Não tocar nas tartarugas [Não dedo a aproximar-se das tartarugas], web, Huizen (Holanda), Stichting Schildpad, conselhos sobre as tartarugas, 2002, http://www.schildpad.nl

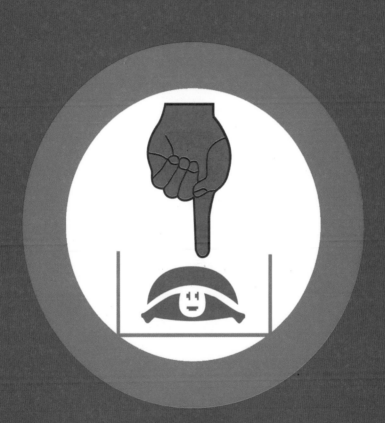

88

"No touching or pressing on the impeller hub": No tocar o apretar el centro del ventilador [No dedo toca: al ventilador le duele], web, República de Taiwán, Adda

"No touching or pressing on the impeller hub" [No finger touching ventilator: it hurts it], web, Republic of Taiwan, Adda

"No touching or pressing on the impeller hub": Não tocar ou carregar no centro do ventilador [Não dedo toca: o ventilador magoa-se], web, República de Taiwan, Adda

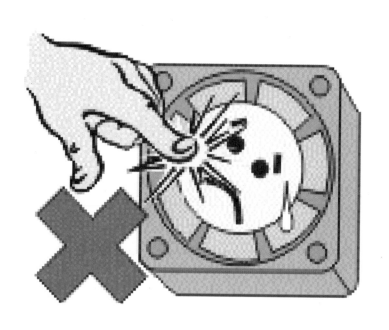

No pisar [No pies], embalaje, Lisboa (Portugal), 2003

Do not tread [No feet], packaging, Lisbon (Portugal), 2003

Não pisar [Não pés], embalagem, Lisboa (Portugal), 2003

No pisar (frágil) [No pie: se rompe], embalaje, Monells (España), 2002

Do not tread (fragile) [No foot: it breaks], packaging, Monells (Spain), 2002

Não pisar (frágil) [Não pé: parte-se], embalagem, Monells (Espanha), 2002

No pisar la hierba [No pie pisa hierbas], señal, Santander (España), Ayuntamiento, jardín, 2002

No treading on the grass [No foot treading on grass], sign, Santander (Spain), City Council, garden, 2002

Não pisar a relva [Não pé pisa relva], sinal, Santander (Espanha), Câmara Municipal, jardim, 2002

92

No pisar la hierba [No persona pisa pradera], señal, Barcelona (España), Ayuntamiento,
parque, 2002

No treading on the grass [No person treading on lawn], sign, Barcelona (Spain),
City Council, park, 2002

**Não pisar a relva [Não pessoa pisa relva], sinal, Barcelona (Espanha),
Câmara Municipal, parque, 2002**

"Prohibido pasar a los peatones" [No señor], señal, Barcelona (España), obras, 2002

"Prohibido pasar a los peatones": Pedestrians forbidden [No man], sign, Barcelona (Spain), building site, 2002

"Prohibido pasar a los peatones": Proibida a passagem aos peões [Não senhor], sinal, Barcelona (Espanha) obras, 2002

94

No usar el ascensor (en caso de incendio) [Ni señor ni señora en ascensor], cartel, Lisboa (Portugal), hotel, ascensor, 2003

No using the elevator (in case of fire) [No man or woman in elevator], notice, Lisbon (Portugal), hotel, elevator, 2003

Não usar o elevador (em caso de incêndio) [Nem senhor nem senhora em elevador], cartaz, Lisboa (Portugal), hotel, elevador, 2003

"If you catch fire, do not run": Si arde no corra [No señor corre con llamas], web, EEUU, U.S. Department of Homeland Security, Información en caso de explosión (2003), http://www.ready.gov/fire_visual3.html

"If you catch fire, do not run" [No man running in flames], web, USA, U.S. Department of Homeland Security, information in event of explosion, (2003), http://www.ready.gov/fire_visual3.html

"If you catch fire, do not run": Se arder não corra [Não senhor corre com chamas], web, EUA, U.S. Department of Homeland Security, Informação em caso de explosão (2003), http://www.ready.gov/fire_visual3.html

96

No se ponga debajo [No señor debajo: volquete da en cabeza], cartel, Barcelona
(España), Ayuntamiento de Barcelona, camión de la basura, 2003

Do not stand underneath [No man underneath: truck element hits head], notice,
Barcelona (Spain), City Council, refuse truck, 2003

**Não se ponha debaixo [Não senhor debaixo: basculante bate na cabeça], cartaz,
Barcelona (Espanha), Câmara Municipal de Barcelona, camião do lixo, 2003**

97

No se siente al lado del conductor [No persona al lado conductor], cartel, Barcelona (España), transportador de materiales , 2002

Do not sit beside driver [No person at driver's side], notice, Barcelona (Spain), materials mover, 2002

Não se sente ao lado do condutor [Não pessoa ao lado do condutor], cartaz, Barcelona (Espanha) transportador de materiais, 2002

Cójalo de frente, no de lado [Señor coge de frente, no de lado], embalaje, Barcelona (España), 2002

Lift from the front, not the side [Man lifts from front, not from side], packaging, Barcelona (Spain), 2002

Recolha de frente, não de lado [Senhor recolhe de frente, não de lado], embalagem, Barcelona (Espanha), 2002

99

"Prohibido a menores de 18 años" [No menores], cartel, Madrid (España), máquina tragaperras, 2003

"Prohibido a menores de 18 años": Young people of less than 18 forbidden [No minors], notice, Madrid (Spain), slot machine, 2003

"Prohibido a menores de 18 años": Proibido a menores de 18 anos [Não menores], cartaz, Madrid (Espanha), slot machine, 2003

No pase antes que un niño [No niño detrás], cartel, París (Francia), metro, puertas automáticas, 2002

Children first [No child behind], notice, Paris (France), metro, automatic doors, 2002

Não passe antes das crianças [Não criança atrás], cartaz, Paris (França), metro, portas automáticas, 2002

No coja en brazos al niño, cartel, París (Francia), metro, pasillo rodante alta velocidad, 2002

Do not take your child in your arms, notice, Paris (France), metro, high-speed moving pavement, 2002

Não leve a criança ao colo, cartaz, Paris (França), metro, passadeira rolante de alta velocidade, 2002

102

No deje que el niño suba/baje solo, cartel, La Bisbal (España), supermercado, carrito, 2003

Do not let your child mount/dismount alone, notice, La Bisbal (Spain), supermarket, trolley, 2003

Não deixe as crianças subirem/descerem sozinhas, cartaz, La Bisbal (Espanha), supermercado, carrinho, 2003

No sentar a los niños, cartel, Frankfurt (Alemania), aeropuerto, carrito de equipajes, 1997

Do not let children sit, notice, Frankfurt (Germany), airport, baggage trolley, 1997

Não sentar as crianças, cartaz, Frankfurt (Alemanha), aeroporto, carrinho de bagagens, 1997

104

"Vigile a los niños" [No la señora no vigile al niño], cartel, Barcelona (España), supermercado, carrito, 2002

"Vigile a los niños": Keep an eye on your children [No woman not watching child], notice, Barcelona (Spain), supermarket, trolley, 2002

"Vigile a los niños": Vigie as crianças [Não a senhora não vigiando a criança], cartaz, Barcelona (Espanha), supermercado, carrinho, 2002

EN 1929-1

No se admiten niños pequeños [Ni niño ni niña], cartel, Génova (Italia), barco, zona
reservada, 2002

Small children not admitted [No boy or girl], notice, Genoa (Italy), ship, reserved area, 2002

**Não são admitidas crianças pequenas [Nem menino nem menina], cartaz, Génova
(Itália), barco, zona reservada, 2002**

106

"Warning: Suffocation Risk": Advertencia: riesgo de asfixia [No niño en caja], envase página personal, repertorio de imágenes (2002),
http://home.att.net/ffparody/images/sign0369.jpg

"Warning: Suffocation Risk" [No child in box], wrapping, personal page, image-bank, (2002),
http://home.att.net/ffparody/images/sign0369.jpg

"Warning: Suffocation Risk": Aviso: risco de asfixia [Não criança em caixa], embalagem página pessoal, repertório de imagens (2002),
http://home.att.net/ffparody/images/sign0369.jpg

107

No la silla en el asiento (del coche) [No silla de niño en asiento], etiqueta, Barcelona (España) cochecito de niño, 2003

No baby seat on seat (of the car) [No baby seat on car seat], label, Barcelona (Spain), baby buggy, 2003

Não à cadeira no assento (do carro) [Não cadeira de criança em assento], etiqueta, Barcelona (Espanha) carrinho de criança, 2003

"Injury may occur": Puede haber daños [No silla de niño en asiento: daño atrás], cartel, París (Francia), coche, 2002

"Injury may occur" [No baby seat on car seat: danger behind], poster, Paris (France), car, 2002

"Injury may occur": Pode causar acidente [Não cadeira de criança em assento: acidente atrás], cartaz, Paris (França) carro, 2002

109

"No apuntar con ellos a otras personas" [No niño apuntar a persona: se asusta], envase, Barcelona (España), fuegos artificiales, 2001

"No apuntar con ellos a otras personas": Don't point them at other people [No child pointing firework at person: it causes fear], wrapping, Barcelona (Spain), fireworks, 2001

"No apuntar con ellos a otras personas": Não apontar com eles para outras pessoas [Não criança apontar a pessoa: assusta-se], embalagem, Barcelona (Espanha) fogos de artifício, 2001

110

"Ne pas caresser s.v.p.": No acariciar, por favor [No mano en cuello de caballo], cartel, Carcassonne (Francia), picadero, 2003

"Ne pas caresser s.v.p.":No stroking, please [No hand on horse's neck], notice, Carcassonne (France), riding school, 2003

"Ne pas caresser s.v.p.": Não fazer festas por favor [Não mão no pescoço do cavalo], cartaz, Carcassonne (França), picadeiro, 2003

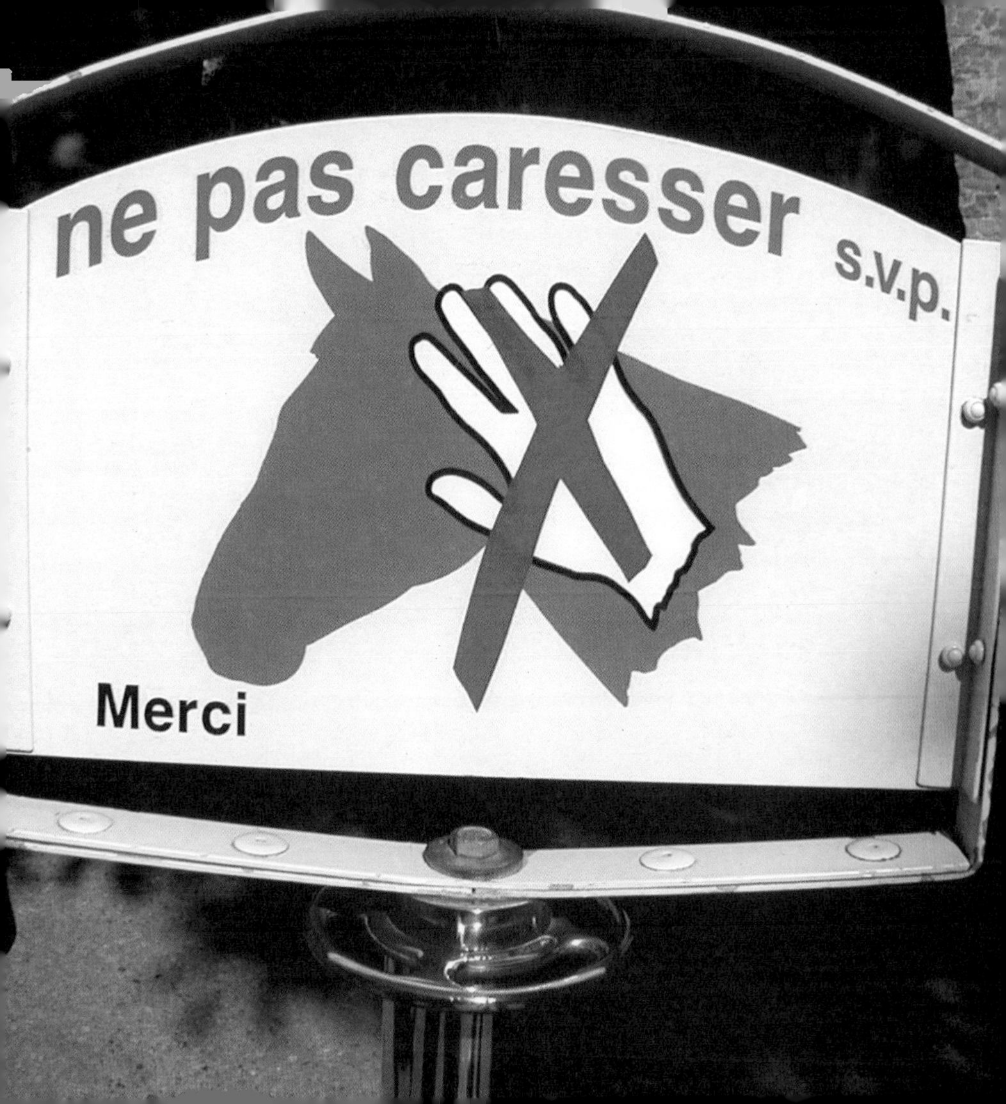
ne pas caresser s.v.p.
Merci

111

"Do not eat": No comer [No sobre a boca], envase, Toronto (Canadá), Gary Bader Home Page, repertorio de etiquetas de "No comer", 2000 (2003), http://bioinfo.mshri.on.ca/people/gbader/dne/dne.html

"Do not eat" [No envelope to mouth], bag, Toronto (Canada), Gary Bader Home Page, image-bank "Do not eat" labels, 2000 (2003), http://bioinfo.mshri.on.ca/people/gbader/dne/dne.html

"Do not eat": Não comer [Não envelope para a boca], invólucro, Toronto (Canadá), Gary Bader Home Page, repertório de etiquetas de "Não comer", 2000 (2003), http://bioinfo.mshri.on.ca/people/gbader/dne/dne.html

112

"Prohibit jugar a pilota": Prohibido jugar a pelota [No persona patada a pelota], señal, Barcelona (España), Ayuntamiento, calle, 2002

"Prohibit jugar a pilota": Ball games prohibited [No person kicking ball], sign, Barcelona (Spain), City Council, street, 2002

"Prohibit jugar a pilota": Proibido jogar à bola [Não pessoa pontapé na bola], sinal, Barcelona (Espanha), Câmara Municipal, rua, 2002

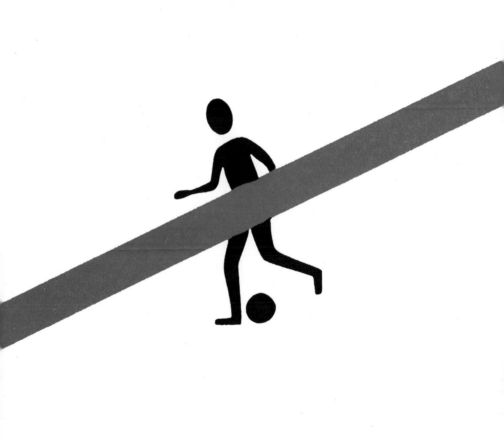

113

"Zonnebaden verboden!": Prohibidos los baños de sol [No piernas femeninas al sol], web, Amberes (Bélgica), Apotheek Krant, advertencias ante medicamentos, 1997 (2002), http://www.uwapotheker.be/apokrant/apokrant01/pagina1.html

"Zonnebaden verboden!": Sunbathing forbidden [No female legs in sun], web, Ambères (Belgium), Apotheek Krant, warnings about medicaments, 1997 (2002), http://www.uwapotheker.be/apokrant/apokrant01/pagina1.html

"Zonnebaden verboden!": Proibidos os banhos de sol [Não pernas femininas ao sol], web, Antuérpia (Bélgica), Apotheek Krant, advertências ao uso de medicamentos, 1997 (2002), http://www.uwapotheker.be/apokrant/apokrant01/pagina1.html

No zambullirse [No saltar al agua], cartel, Génova (Italia), barco, piscina, 2002

No diving [No jumping in water], notice, Genoa (Italy), boat, swimming pool, 2002

Não mergulhar [Não saltar para a água], cartaz, Génova (Itália), barco, piscina, 2002

No nadar, señal, Barcelona (España), Ayuntamiento, estanque, 2002

No swimming, sign, Barcelona (Spain), City Council, pond, 2002

Não nadar, sinal, Barcelona (Espanha), Câmara Municipal, tanque, 2002

"Nunca inclinar o balancear la máquina [...] puede caer y causar serios daños, incluso muerte": [No balancear la máquina], cartel, Barcelona (España), expendedora de bebidas, 2001

"Nunca inclinar o balancear la máquina [...] puede caer y causar serios daños, incluso muerte": Never tip or rock the machine [...] it may fall and cause serious injury, even death [No rocking the machine], notice, Barcelona (Spain), drinks machine, 2001

"Nunca inclinar o balancear la máquina [...] puede caer y causar serios daños, incluso la muerte": Nunca inclinar ou abanar a máquina [...] pode cair e causar sérios danos, inclusivamente a morte [Não abanar a máquina], cartaz, Barcelona (Espanha) dispensadora de bebidas, 2001

117

"Do not tip or rock this vending machine": No incline o balancee esta máquina expendedora [No inclinar la máquina, porque se caerá], cartel, Toronto (Canada), expendedora de bebidas, 2000

"Do not tip or rock this vending machine" [No tipping the machine because it will fall over], notice, Toronto (Canada), drinks machine, 2000

"Do not tip or rock this vending machine": Não incline ou abane esta máquina dispensadora [Não inclinar a máquina, porque pode cair], cartaz, Toronto (Canadá) dispensadora de bebidas, 2000

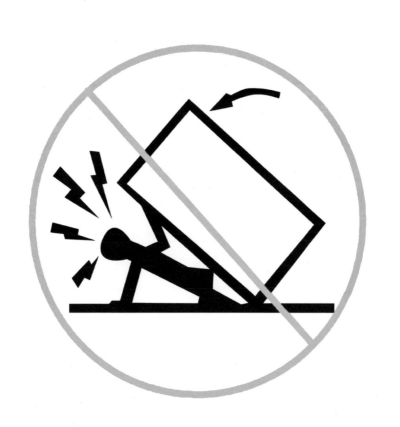

Prohibido asomarse, cartel, Barcelona (España), metro, vagón, 2002

No leaning out of the window, notice, Barcelona (Spain), metro, carriage, 2002

Proibido aproximar-se, cartaz, Barcelona (Espanha), metro, carruagem, 2002

"Do not sit on handrails": No sentarse en la barandilla, Cartel, Toronto (Canadá), barco 2001

"Do not sit on handrails", notice, Toronto (Canada), boat, 2001

"Do not sit on handrails": Não sentar-se no corrimão, cartaz, Toronto (Canadá), barco 2001

"No entrar ni salir después del toque del silbato" [No entrar si suena y cierran puertas], cartel, Barcelona (España), metro, puerta, 2002

"No entrar ni salir después del toque del silbato": Do not enter or leave the carriage after hearing the closing signal [No entering if doors sound and close], notice, Barcelona (Spain), metro, door, 2002

"No entrar ni salir después del toque del silbato": Não entrar nem sair depois do sinal sonoro [Não entrar se apitar e as portas se fecham], cartaz, Barcelona (Espanha), metro, porta, 2002

No poner los pies en el asiento, cartel, Estocolmo (Suecia), metro, vagón, 2002

Do not put feet on the seat, notice, Stockholm (Sweden), metro, carriage, 2002

Não pôr os pés no assento, cartaz, Estocolmo (Suécia), metro, carruagem, 2002

No usar videocámara [Los asiáticos no usar videocámara], cartel, Venecia (Italia), San Marcos, entrada, 2003

No using video camera [Asian not using video camera], notice, Venice (Italy), Saint Mark's, entrance, 2003

Não usar câmara de vídeo [Os asiáticos não usar câmara de vídeo], cartaz, Veneza (Itália), São Marcos, entrada, 2003

123

"Leer y devolver al revistero" [no correr con hojas bajo el brazo], pegatina, Barcelona (España), bar, 2003

"Leer y devolver al revistero": Read and return to the magazine rack [No running with magazine under arm], sticker, Barcelona (Spain), bar, 2003

"Leer y devolver al revistero": Ler e devolver [não correr com folhas debaixo do braço], autocolante, Barcelona (Espanha), bar, 2003

LEER Y
DEVOLVER
AL REVISTERO

No usar en moto [No moto], envase, Barcelona (España), casco de bicicleta, 2001

No using on motorcycles [No motorcycle], wrapping, Barcelona (Spain), bicycle helmet, 2001

Não usar em motas [Não moto], embalagem, Barcelona (Espanha), capacete de bicicleta, 2001

"Cleaning staff aren't allowed in areas where radiation occurs": No se permite personal de limpieza en zonas de radiación [No señora con fregona], cartel, Suiza, CERN (2000), http://www.exploratorium.com//origins/cern/place/slideshow9.html

"Cleaning staff aren't allowed in areas where radiation occurs" [No woman with mop], sign, Switzerland, CERN, (2000), http://www.exploratorium.com//origins/cern/place/slideshow9.html

"Cleaning staff aren't allowed in areas where radiation occurs": Não é permitido pessoal da limpeza em zonas com radiação [Não senhora com esfregona], cartaz, Suíça, CERN (2000), http://www.exploratorium.com//origins/cern/place/slideshow9.html

126

"No Mall Rats": No ratas de centro comercial [No estar ocioso y fumando], señal James D. Lake, repertorio de señales alternativas (2003), http://www.jamesdlake.com/signs.html

"No Mall Rats" [No being idle and smoking], sign, James D. Lake, image-bank of alternative signs, (2003), http://www.jamesdlake.com/signs.html

"No Mall Rats": Não ratazanas de centro comercial [Não estar ocioso e a fumar], sinal James D. Lake, repertório de sinais alternativos (2003), http://www.jamesdlake.com/signs.html

127

[No beso de señor y señora], señal, Coimbra (Portugal), bar, Día de San Valentín, 2000, © El País, EPA

[No man and woman kissing], sign, Coimbra (Portugal), bar, Saint Valentine's Day, 2000, © El País, EPA

[Não beijo de senhor e senhora], sinal, Coimbra (Portugal), bar, Dia de São Valentim, 2000, © El País, EPA

No propaganda religiosa [No señor y señora con libros cristianos], cartel, Colorado Springs (EEUU), Evolve Fish, repertorio de señales (2002), http://www.evolvefish.com/

No religious propaganda [No man and woman with religious books], sign, Colorado Springs (USA), Evolve Fish, image-bank of signs, (2002), http://www.evolvefish.com/

Não propaganda religiosa [Não senhor e senhora com livros cristãos], cartaz, Colorado Springs (EUA), Evolve Fish, repertório de sinais (2002), http://www.evolvefish.com/

129

No orine de pie, sino sentado, cartel Boners, repertorio de imágenes (2002),
http://www.boners.com/grub/383721.html

No urinating standing up, but seated, Boners notice, image-bank, (2002),
http://www.boners.com/grub/383721.html

**Não urine de pé, mas sim sentado, cartaz Boners, repertório de imagens (2002),
http//www.boners.com/grub/383721.html**

"Cerrar", icono de programa , Barcelona (España), Windows, ordenador, 1998

"Cerrar": Shut down, program icon, Barcelona (Spain), Windows, computer, 1998

"Cerrar": Fechar, ícone de programa, Barcelona (Espanha), Windows, computador, 1998

Flash inhabilitado [No flash], display, Barcelona (España), Sony, cámara digital, 2002

Flash disabled [No flash], display, Barcelona (Spain), Sony, digital camera, 2002

Flash indisponível [Não flash], display, Barcelona (Espanha), Sony, máquina fotográfica, 2002

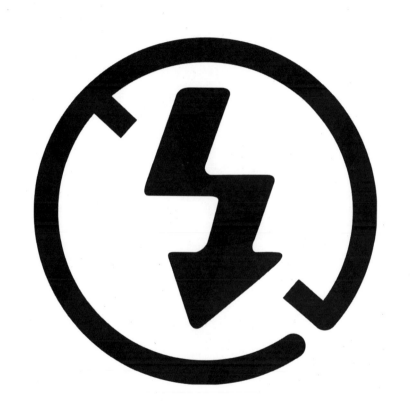

132

Desinstalar el programa [No el programa], icono de escritorio, Barcelona (España), Lap Link, ordenador, 2001

De-install the program [No to the program], desktop icon, Barcelona (Spain), Lap Link, computer, 2001

Desinstalar o programa [Não ao programa], ícone de ambiente de trabalho, Barcelona (Espanha), Lap Link, computador, 2001

Ignorar a un interlocutor (en conferencia virtual) [No oír], icono de programa, Madrid (España), Compuserve, ordenador, 1996

Ignore an interlocutor (in a chat), [No hearing], program icon, Madrid (Spain), Compuserve, computer, 1996

Ignorar um interlocutor (em conferência virtual) [Não ouvir], ícone de programa, Madrid (Espanha), Compuserve, computador, 1996

134

Borrar correo (No deseado) [No correo], icono de escritorio, Barcelona (España), ERemove, ordenador, 2002

Erase mail (unwanted) [No mail], desktop icon, Barcelona (Spain), ERemove, computer, 2002

Apagar correio (não desejado) [Não correio], ícone de ambiente de trabalho, Barcelona (Espanha), ERemove, computador, 2002

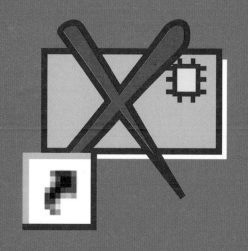

135

Borrar imágenes miniatura [No pulgar], icono de programa, Barcelona (España), Thumb Plus, ordenador, 2002

Erase miniature images [No thumb], program icon, Barcelona (Spain), Thumb Plus, computer, 2002

Apagar imagens miniatura [Não polegar], ícone de programa, Barcelona (Espanha), Thumb Plus, computador, 2002

"Acceso libre" [No tarjeta], cartel, Barcelona (España), banco, puerta, 2001

"Acceso libre": Free entry [No card], sign, Barcelona (Spain), bank, door, 2001

"Acceso libre": Acesso livre [Não cartão], cartaz, Barcelona (Espanha), banco, porta, 2001

Sin cremallera [No cremallera], folleto, Barcelona (España), aeropuerto, repertorio de equipajes perdidos, 2002

No zip [No zip], leaflet, Barcelona (Spain), airport, lost luggage image-bank, 2002

Sem fecho [Não fecho], folheto, Barcelona (Espanha), aeroporto, repertório de bagagens perdidas, 2002

138

"No pain. No gun": Sin dolor. Sin pistola [No pistola], cartel, París (Francia), establecimiento de piercing, escaparate, 2002

"No pain. No gun" [No pistol], notice, Paris (France), piercing establishment, window, 2002

"No pain. No gun": Sem dor. Sem pistola [Não pistola], cartaz, Paris (França), estabelecimento de piercing, montra, 2002

"No degota": No gotea [No gota], envase, Barcelona (España), bolsas de basura, 2002

"No degota": Non-drip [No drip], bag, Barcelona (Spain), rubbish bags, 2002

"No degota": Não pinga [Não gota], embalagem, Barcelona (Espanha), sacos para o lixo, 2002

"Soy sordo. A su buen corazón, ¿quieren comprar un pequeño objeto?" [No oreja], panfleto, Madrid (España), bar, entregado en mano, 1997

"Soy sordo. A su buen corazón, ¿quieren comprar un pequeño objeto?": I am deaf. I appeal to your generosity, Would you like to buy a little something? [No ear], leaflet, Madrid (Spain), bar, delivered by hand, 1997

"Soy sordo. A su buen corazón:, ¿quieren comprar un pequeño objeto?": Sou surdo. Ao seu bom coração, querem comprar um pequeno objecto? [Não orelha], panfleto, Madrid (Espanha), bar, entregue em mão, 1997

141

"Most silent in the business": Máximo silencio en el negocio [No ruido], cartel, Barcelona (España), proyector, 2003

"Most silent in the business" [No sound], notice, Barcelona (Spain), projector, 2003

"Most silent in the business": Máximo silêncio no negócio [Não ruído], cartaz, Barcelona (Espanha), projector, 2003

"To communicate failures": Para comunicar averías [Teléfono roto], cartel, Frankfurt (Alemania), Messe, cabina telefónica, 1997

"To communicate failures" [Broken phone], notice, Frankfurt (Germany), Messe, phone booth, 1997

"To communicate failures": Para comunicar avarias [Telefone partido], cartaz, Frankfurt (Alemanha), Messe, cabina telefónica, 1997

143

"Sex scandal-free edition": Edición libre de escándalo sexual [No Lewinsky/Clinton], periódico, Springfield, Illinois (EE.UU), The State Journal-Register, 1998

"Sex scandal-free edition" [No Lewinsky/Clinton], newspaper, Springfield, Illinois (USA), The State Journal-Register, 1998

"Sex scandal-free edition": Edição livre de escândalo sexual [Não Lewinsky/Clinton], jornal, Springfield, Illinois (EUA), The State Journal-Register, 1998

"Ayuno por la paz" [No cubiertos], periódico, Barcelona (España), La Vanguardia 2003

"Ayuno por la paz": Fasting for peace [No eating utensils], newspaper, Barcelona (Spain), La Vanguardia, 2003

"Ayuno por la paz": Jejum pela paz [Não talheres], jornal, Barcelona (Espanha), La Vanguardia, 2003

"Flame retardants": Retardantes de las llamas [No llamas], web, Bruselas (Bélgica), European Brominated Flame Retardants Industry Panel, gif animado (2000), http://www.ebfrip.org/mission.html

"Flame retardants" [No flames], web, Brussels (Belgium), European Brominated Flame Retardants Industry Panel, animated gif, (2000), http://www.ebfrip.org/mission.html

"Flame retardants": Retardadores de chamas [Não chamas], web, Bruxelas (Bélgica), European Brominated Flame Retardants Industry Panel, gif animado (2000), http://www.ebfrip.org/mission.html

Sin mosquitos [No mosquitos], envase, Estocolmo (Suecia), vela, 2002

Without mosquitoes [No mosquitoes], wrapping, Stockholm (Sweden), candle, 2002

Sem melgas [Não melgas], embalagem, Estocolmo (Suécia), vela, 2002

"No precisa baño de huevo" [No pincel], envase, Barcelona (España), pastelería industrial, 2002

"No precisa baño de huevo": No egg-batter required [No pastry-brush], wrapping, Barcelona (Spain), industrial confectionery, 2002

"No precisa baño de huevo": Não precisa de ser pincelado com ovo [Não pincel], embalagem, Barcelona (Espanha), pastelaria industrial, 2002

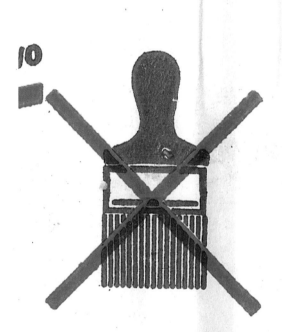

148

"This exhibit is sick. It will be better soon": Esta pieza está enferma. Pronto estára buena [Tirita], cartel, Antrim (Irlanda del Norte), British Interactive Group, dispositivo de museo inhabilitado (2002), http://www.big.uk.com/knowledgebase/exhibits/broken-signs.htm

"This exhibit is sick. It will be better soon" [plaster], notice, Antrim (Northern Ireland), British Interactive Group, device in temporarily closed museum, (2002), http://www.big.uk.com/knowledgebase/exhibits/broken-signs.htm

"This exhibit is sick. It will be better soon": Esta peça está doente. Brevemente estará boa [Penso], cartaz, Antrim (Irlanda do Norte), British Interactive Group, dispositivo de museu indisponível (2002), http://www.big.uk.com/knowledgebase/exhibits/broken-signs.htm

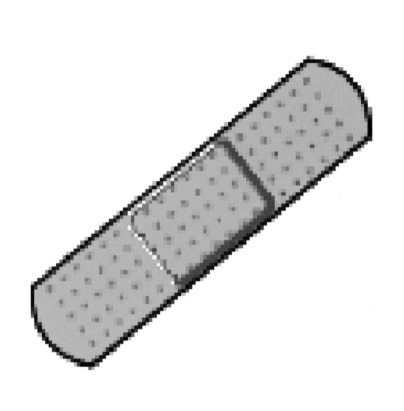

149

Chica prohibida, panflet, Iglaterra cabina telefónica, 1993, The X Directory. Kink Cards 1984-1994, Londres, Pi34 Publishing, 1993

Forbidden girl, leaflet, England, phone booth, 1993, The X Directory. Kink Cards 1984-1994, London, Pi34 Publishing, 1993

Rapariga proibida, panfleto, Inglaterra, cabina telefónica, 1993, The X Directory. Kink Cards 1984-1994, Londres, Pi34 Publishing, 1993

150

Signo misterioso, pegatina, Madrid (España), aeropuerto 2002

Mysterious sign, sticker, Madrid (Spain), airport, 2002

Sinal misterioso, autocolante, Madrid (Espanha), aeroporto, 2002

APÉNDICE

SOBRE LAS IMÁGENES

El corpus del que se han extraído los ejemplos de este libro abarca dos mil ejemplos recogidos a lo largo de un periodo de siete años, y en una decena de países, aunque predominan los que provienen de las ciudades que más frecuento: Barcelona y Madrid. El trabajo de campo se completó con una investigación en la WWW. Cuando no se cita la procedencia de la imagen, se trata de fotografías del autor.

La sucesión de imágenes a lo largo de la obra no intenta una categorización (para ello está el índice final), sino que ha planteado una secuencia libre que cree un discurso propio.

El orden en que figuran es el siguiente: las imágenes **1-129** agrupan **prohibiciones** y **recomendaciones negativas**, primero las que presentan sólo objetos (**1-67**) y luego las que incorporan la figura humana o parte de ella (**68-129**). El grupo final (**130-150**) son **negaciones**.

Las informaciones que acompañan a cada ejemplo siguen el siguiente orden:
[número] 127 [significado] "Young persons under the age of 16 are prohibited from purchasing lottery tickets": Los menores de 16 años tienen prohibido comprar billetes de lotería, [sentido literal] [no cruzar los dedos], [soporte] web, [lugar] Gloucestershire (Inglaterra), [institución] Gloucestershire Council, [precisión] Ventas a menores, [fecha original] 2001 [fecha fuente] (2002), [dirección] http://www.tradingstandards.gov.uk/glos/lottery.htm

El **número** permite identificar al signo en cualquier referencia. El **significado** figura en primer lugar: si el signo estaba acompañado de un texto, figura éste entre comillas, seguido de su traducción; si no tenía texto se incluye, sin entrecomillar, nuestra interpretación. A continuación figura [entre corchetes] el **sentido literal**: es una transcripción directa a palabras de lo que dicen las imágenes. Después figura el **soporte** donde se encontraba (cartel, envase, ...); si figura "web" significa que es un elemento constitutivo de una de ellas: logotipo, icono, elemento de banner, etc. Luego viene el **lugar** de procedencia (si se trata de una web, se indica el lugar desde donde ésta se crea). Acto seguido la **institución** responsable del lugar donde se ha encontrado el signo (la autoridad de un espacio público, el gestor de un espacio web, ...), seguida a veces de una **precisión**. La **fecha** es la de la obtención de la fotografía, o la de su hallazgo en un sitio web; en este último caso puede haber además la fecha de creación de la página web, y entonces figura delante: "2001 (2002)" se leerá "ejemplo del 2001 recogido en el 2002". Al final figura (en su caso) la dirección de la web (atención: la dirección o el contenido de la página pueden haber cambiado desde que fueron recogidas en este libro). Un signo encontrado en una web pero que no sea un elemento de ésta aparecerá identificado por el soporte y lugar del signo (por ejemplo "Shangai, señal", aunque la web de origen sea de otro lugar).

AGRADECIMIENTOS

El programa de clasificación de imágenes ThumbPlus (http://www.cerious.com) me ha permitido trabajar con un corpus de otra manera inmanejable. El buscador Google (http://www.google.com) es hoy una ayuda inestimable para cualquier investigador, a través de su función de búsqueda de imágenes. Mis cámaras digitales Sony Digital Still Camera DSC-F1, primero, y Sony CyberShot DSC P1, después, fueron valiosos auxiliares, compactos y de pequeño tamaño, para mi trabajo en sitios muy diversos.

Una mención especial a los sitios web que están sirviendo para conservar la memoria de signos condenados a la desaparición, como "Long live the portuguese pedestrian" (http://ibm1.cicrp.jussieu.fr/guet/Pietons.html) y The "Do Not Eat" Page (http://bioinfo.mshri.on.ca/people/gbader/dne/dne.html).

Alex Martínez Roig de *El País Semanal* acogió mis primeros trabajos con el mundo de los signos en el reportaje "El nuevo idioma universal" (7 de abril de 1996). Mis alumnos del "Máster de diseño de interfaces" de la Escola Elisava de Barcelona han soportado algunas de mis exposiciones teóricas y en ocasiones han contribuido a clarificar mis puntos de vista: quiero agradecer su actitud sobre todo a los del curso 1999/2000.

Rafael Millán me ayudó al trabajo con las bases de datos y a otros muchos aspectos sobre la captura y tratamiento de imágenes. Tere Guix, de Etc (http://www.etc.es/) me ayudó a concebir y producir la maqueta que fue el punto de partida de estos libros. Javier Candeira me proporcionó materiales y me dio pistas.

Durante mucho tiempo mi familia y amigos han soportado mi inocente manía de mirar a un lado y a otro mientras andábamos por la calle, y la más molesta de detenerme de vez en cuando y sacar una foto.

ÍNDICE

Los números se refieren al nº de la ilustración

POR PROCEDIMIENTO DE NEGACIÓN

APPENDIX

ABOUT THE IMAGES

The body of material from which the examples in this book have been drawn spans two thousand examples collected in ten countries over a period of seven years, although those that originate in the cities I most frequent—Barcelona and Madrid—predominate. My fieldwork was complemented by research on the Internet. When the source of the image is not cited, the author's own photographs are involved.

The sequence of images throughout the book is not an attempt at categorization (the final index is for that), but rather the positing of an open-ended sequence which creates a discourse of its own.

The order in which they appear is the following: images **1-129** group together **prohibitions** and **negative** recommendations, firstly those that only present objects (**1-67**) and then those that incorporate the human figure or part of it (**68-129**). The final group (**130-150**) are **negations**.

The data accompanying each example keep to the following order:
[number] 127 [meaning] "Young persons under the age of 16 are prohibited from purchasing lottery tickets", [literal meaning] [no cross fingers], [support] web page, [place] Gloucestershire (England), [institution] Gloucestershire County Council, [fuller information] sales to minors, [original date] 2001 [source date] (2002), [address] http://www.tradingstandards.gov.uk/glos/lottery.htm

The **number** permits the sign to be identified in any reference. The **meaning** comes first: if the sign was accompanied by a text, this will appear in quotation marks, followed by a translation; if it had no text our interpretation is included, without quotation marks. Next, [in square brackets] there is the **literal meaning**: this is a direct transcription in words of what the images say. Following that, there is the **support** on which it was found (a notice, bag, etc.); if "web page" appears it means that it is a constituent element of one of them: logo, icon, part of a banner, etc. Then comes the **place** of provenance (if it's a web page, the place where this was created is indicated). Immediately afterwards, the main **institution** of the place the sign was found in (a public authority, the promoter of a web site), sometimes followed by **fuller information**. The **date** is that of obtaining the photo, or that of its discovery on a web site; if the latter, it may have the date of the web page's creation as well: thus, "2001 (2002)" will stand for "example from 2001 collected in 2002." At the end, where appropriate, there is the address of the web page (attention: the address or the contents of the page may have changed since they were included in this book). A sign found on a web page, yet which is not a feature of this, will be identified by the sign's support and place (for example "traffic sign, Shanghai", although the web page of origin is from some other place).

ACKNOWLEDGMENTS

The ThumbPlus program of image classification (http://www.cerious.com) has enabled me to work with an otherwise unmanageable body of material. The Google search engine (http://www.google.com) is of inestimable help to any researcher, through its image search function. Compact and small, my Sony Digital Still Camera DSC-F1, firstly, and Sony Cybershot DSC P1, next, were invaluable aides for my work in all sorts of different places.

A special mention, here, for the web sites that are helping preserve the memory of signs condemned to disappear, such as "Long Live the Portuguese Pedestrian!" (http://ibml.cicrp.jussieu.fr/guet/Pietons.html) and "The 'Do Not Eat' Page" (http://bioinfo.mshri.on.ca/people/gbader/dne/dne.html).

Alex Martínez Roig of *El País Semanal* welcomed my first forays into the world of signs in the article "El nuevo idioma universal" (7 April 1996). My students on the "Postgraduate Course on Interface Design" at the Escola Elisava in Barcelona have put up with my theoretical expositions and have occasionally helped clarify my points of view: I wish to thank them for their attitude, especially those on the 1999-2000 course.

Rafael Millán helped me in the work on databases and in many other aspects of the retrieving and processing of images. Tere Guix of Etc (http://www.etc.es/) helped me conceive and produce the mockup that was the starting point of these books. Javier Candeira provided me with much material and gave me many useful tips.

My family and friends have long put up with my innocent mania for looking this way and that as we were walking down the street, and the more annoying one of stopping from time to time to take a photo.

INDEX

Numbers refer to the number of each illustration

APÊNDICE

SOBRE AS IMAGENS

O corpus do qual se extraíram os exemplos deste livro abrange dois mil exemplos recolhidos ao longo de um período de sete anos, numa dezena de países, embora predominem os que provêm das cidades mais frequentadas pelo autor: Barcelona e Madrid. O trabalho de campo foi completado com uma investigação na internet. Quando não se citar a proveniência da imagem, trata-se de fotografias do autor.

A sucessão de imagens ao longo da obra não pretende fazer uma categorização (que será feita no índice final), tendo-se definido uma sequência livre que crie um discurso próprio.

A ordem em que surgiram é a seguinte: as imagens 1-129 agrupam proibições e recomendações negativas, primeiro as que apresentam apenas objectos (1-67) e, depois, as que integram a figura humana ou parte dela (68-129). O grupo final (130-150) são negações.

As informações que acompanham cada um dos exemplos seguem a seguinte ordem: [número] **127** [significado] **"Young persons under the age of 16 are prohibited from purchasing lottery tickets": Os menores de 16 anos estão proibidos de comprar bilhetes de lotaria,** [sentido literal] **[não fazer figas],** [suporte] **web,** [local] **Gloucestershire (Inglaterra),** [instituição] **Gloucestershire Council,** [precisão] **Vendas a menores,** [data original] **2001** [data da fonte] **(2002),** [endereço] **http://www.tradingstandards.gov.uk/glos/lottery.htm**

O número **permite identificar o sinal em qualquer referência.** O significado **figura em primeiro lugar: se o sinal for acompanhado por um texto, este surgirá entre aspas, seguido da sua tradução; se não tiver texto será incluída, sem ser entre aspas, a nossa interpretação. A seguir aparece [entre parêntesis rectos]** o sentido literal: **é uma transcrição directa para palavras daquilo que as imagens transmitem. A seguir figura o** suporte **em que se encontrava (cartaz, invólucro, etc.); no caso de web significa que é um elemento constitutivo de um dos seguintes elementos: logótipo, ícone, elemento de banner, etc. A seguir surge o** local **de proveniência (se se tratar de uma web, indica-se o lugar a partir do qual esta foi criada).**

Seguidamente temos a instituição responsável do lugar em que o sinal foi encontrado (a autoridade de um espaço público, o gestor de um espaço web, ...), secundada por vezes de uma precisão. A data é a da obtenção da fotografia, ou em que foi encontrada numa página web; neste último caso pode constar também a data de criação da web, que surge antes: "2001 (2002)" ler-se-á "exemplo de 2001 recolhido em 2002". Por fim aparece (em cada caso) o endereço da web (atenção: o endereço ou o conteúdo da página podem ter sido alterados desde que foi feita a recolha para este livro). Um sinal encontrado numa web mas que não lhe pertença surgirá identificado pelo suporte e pelo local do sinal (por exemplo "Xangai, sinal", embora a web de origem seja de outro local).

AGRADECIMENTOS

O programa de classificação de imagens ThumbPlus (http://www.cerious.com) permitiu-me trabalhar com um corpus de outra forma impossível de tratar. O motor de busca Google (http://www.google.com) é hoje uma ajuda inestimável para um investigador, através da sua função de busca de imagens. As minhas câmaras digitais Sony Digital Still Camera DSC-F1, em primeiro lugar, e Sony Cybershot DSC P1, depois, foram valiosos auxiliares, compactos e de pequeno tamanho, para o meu trabalho em locais muito diversos.

Uma menção especial para todas as páginas web que servem para conservar a memória de sinais condenados ao desaparecimento, como "Long live the portuguese pedestrian" (http://ibm1.cicrp.jussieu.fr/guet/Pietons.html) e a página web The "Do Not Eat" Page (http://bioinfo.mshri.on.ca/people/gbader/dne/dne.html).

Alex Martínez Roig do El País Semanal registou os meus primeiros trabalhos com o mundo dos sinais na reportagem "El nuevo idioma universal" (7 de Abril de 1996). Os meus alunos do "Máster de diseño de interfaces" da Escola Elisava de Barcelona deram suporte a algumas das minhas exposições teóricas e, por vezes, contribuíram para esclarecer os meus pontos de vista: quero agradecer a sua atitude, sobretudo aos do ano lectivo 1999/2000.

Rafael Millán ajudou-me com o trabalho das bases de dados e, entre muitos outros aspectos, sobre a captura e o tratamento das imagens. Tere Guix, da Etc (http://www.etc.es/) auxiliou--me na concepção e produção da maqueta que constituiu o ponto de partida para estes livros. Javier Candeira forneceu-me materiais e deu-me pistas.

Durante muito tempo a minha família e amigos aturaram a minha inocente mania de olhar para todo o lado enquanto passeávamos pelas ruas e, pior que isso, o ter de parar de vez em quando para tirar uma fotografia.

INDICE

Os números em letra fina referem-se aos números das ilustrações

POR ACTIVIDADES (principais)

POR LUGARES

POR PROCEDIMENTO DE NEGAÇÃO

Acrescentos sinaléticos

Acumulação de procedimentos

Independentes